グローバル化時代の社会保障

福祉領域における国際貢献

岡　伸一──●著

創 成 社

目　次

課題と視角 ———————————————————————— 1

第1章　グローバル化の背景 ———————————————— 3
　　第1節　国境を越える人の移動 ………………………… 3
　　第2節　外国人受入れの拡大 …………………………… 13

第2章　社会保障の原型とグローバル化 ———————— 22
　　第1節　社会保障の基本特性 …………………………… 22
　　第2節　国境を越える社会保障 ………………………… 30

第3章　社会保障の外国人への適用 ————————— 44
　　第1節　諸外国における外国人の社会保障 …………… 44
　　第2節　日本における外国人の社会保障 ……………… 57

第4章　二国間の社会保障協定 ———————————— 69
　　第1節　諸外国の二国間社会保障協定 ………………… 69
　　第2節　日本の二国間社会保障協定 …………………… 81

第5章　国際社会保障政策と日本の社会保障 ———— 95
　　第1節　国際機関の国際社会保障政策 ………………… 95
　　第2節　日本の社会保障と国際社会保障 ……………… 113

第6章　医療・福祉従事者の国際移動 ── 118
第1節　貿易自由化と社会保障 ……………… 118
第2節　EUにおける医療・福祉従事者の国際移動… 128
第3節　日本におけるEPAと人の移動 ……… 143

第7章　国際機関の新たな社会保障政策 ── 154
第1節　ILOの新たな社会保障政策 ……………… 154
第2節　EUの新たな社会保障政策 ……………… 165

第8章　課題と展望 ────────── 180

おわりに　195
参考文献　197
初出関連論文　199
索　引　201

大扉・目次イラスト：水谷史男

課題と視角

　グローバリゼーションは，現代社会においてはもはや使い慣れた言葉となってしまった。政治，経済，社会，文化等，あらゆる領域においてグローバル化が進行している。しかし，社会保障領域では，グローバル化はまだ新しさを保っており，これから本格化するものと思われる。本来，国内政策の一環である社会保障の領域では，いまだにグローバリゼーションに関して戸惑いがあり，抵抗も強い状況にある。その結果，対応も後手に回り，遅れぎみの傾向がある。

　もはや，グローバリゼーションは是非を問う段階ではないと思われる。いくら抵抗しても，この世界的な流れは逆らうことができないものである。もはや時間の問題である。そうであるなら，どうやってグローバリゼーションにうまく対応していけるか，より建設的な検討に入るべきである。

　外国人を受入れることの是非を問うことには，もはや意味がない。多くの業界人，専門家，労働組合等々が反対しても，政府は国内外の圧力によって受入れ拡大を実行している。誰が，これを止めることができようか。

　今となっては，どの程度，どういうタイミングで，どこに，どのような方法で，どのような外国人を，受入れていくかという方法を議論すべきである。外国人，日本国民，そして，日本全体，相手国，国際社会と，すべてにとって望ましい外国人受入れのあり方を検討するべきであろう。日本の国益だけを押し通す時代ではなくなっていることは，誰の目にも明らかである。国際社会の利益に貢献しつつ，その中で日本の国益につながる方策を探求すべきであろう。

　本書は属地主義の強い社会保障において，グローバル化対応の現状を世界の主要国と日本を比較しながら明らかにしていくことを一つの課題とする。さらに，国のレベルを超え，国家間や国際機関の社会保障関係政策におけるグローバル化対応の問題と展望について検討することが次の課題となる。

さて，本書では社会保障のグローバル化対応としては3つの視角を中心に展開する。第1は，国内社会保障制度の外国人や在外同国人への適用である。各国が国内政策においてグローバル化にいかに対応していくかが，国際社会全体にとっても大きな意味を持つ。第2は，主に二国間で締結が活発な社会保障協定の動きである。他方，FTAやEPAという貿易政策の展開も二国間や多国間で結ばれている。EPAの結果として医療や福祉従事者の国際移動が大きな流れであるが，これも重要な検討課題になる。第3に，国際機関の社会保障政策の展開がある。直接社会保障政策を行う国際機関の動きが注目される。

　これら3つの次元は，相互に関連しあっている。各国の国益を考慮しながらも，同時に国際社会への貢献を目指しながら国際的なルールが進行しつつある。国際的なルールに従うことが，最終的には各国にとっての国益にもつながっていく。逆に，国際的な要請に従わないことは，長期的には国益にならないことも多い。国家の枠を超えて活動する国際機関の果たす役割はますます重要性を増している。

　最後に，社会保障におけるグローバル化対応の進展が世界にもたらす恩恵について考察すべきである。これまで日本政府が主に行ってきた経済協力とはまったく異なる側面ではあるが，開発途上国の国益にもつながる。人の国際移動がさらに活発になることがもたらす多様な効果を明らかにすべきである。開発途上国から人を受入れることは，単なる経済効果だけでなく多様な意味を持つ。併せて，医療，福祉等の社会的な側面における国際支援が今後さらに重要性を増すであろう。

第1章
グローバル化の背景

　グローバル化時代の社会保障について議論する前に，その社会背景について概観したい。経済はグローバル化しても，社会保障はグローバル化する必要はないという主張もあり得るだろう。何故，今，社会保障が国際化しなければいけないのか。本来，社会保障においては，「グローバリゼーション」は馴染まない分野であった。特に日本では外国人は数少なく例外的な存在であったため，特別な配慮をしなくて済まされてきた。ところが，実際に多くの国際的な問題が露呈され，社会保障においても対応が求められている。

第1節　国境を越える人の移動

　本書の前提として，人の国際移動の状況を明らかにしたい。すべては人の動きから始まった。まず，主要先進諸国における外国人人口の現状と最近の動向について概観してみたい。続いて，日本在住の外国人，そして，海外在住の日本人人口の現状を概観してみたい。

1. 世界における人の国際移動

　人の国際移動は世界的に活発化しているといえよう。まず，表1は主要なOECD加盟諸国における外国人人口（ストック）を示している[1]。この種の統計では，「外国人」の定義が必ずしも統一的ではない。また，帰化政策によってもかなり変わってくることを注意したい。つまり，もともと外国人であっても当該国で国籍取得が認められれば，もはや外国人ではなく国民となってしま

表1　外国人人口（ストック）

(1,000 人)

	2000	2005	2009	(%)[1]
ギリシャ	305	278	840	7.4
スイス	1,384	1,512	1,680	21.7
チェコ	201	278	433	4.1
ドイツ	7,297	6,756	6,695	8.2
スペイン	1,371	4,144	5,709	12.4
日　本	1,686	2,012	2,185	1.7
スウェーデン	472	458	595	6.4
オランダ	668	691	735	4.4
スロバキア	29	26	63	1.2
ルクセンブルク	165	191	216	43.8
アメリカ	17,758	21,707	21,274	6.9
イギリス	2,342	3,035	4,348	7.1
イタリア	1,380	2,671	4,235	7.1
韓　国	210	511	921	1.9

(1) 総人口に占める外国人人口比率。
(資料) OECD, "International Migration Data 2011", 2011.

う。国籍取得の容易さによって統計上の外国人人口も影響される。

　ほとんどの国々で，外国人人口は増え続けている。ドイツのみがわずかながら減少している。特に増加の動きが活発なのは，スペイン，ギリシャ，イタリア，韓国，そしてチェコ，スロバキアである。韓国は2000年の21万人から2009年には92.1万人へ急増している。スペインでは，同じ期間に137.1万人から570.9万人に急増している。アメリカでも，2000年の1,775.8万人から2009年の2,127.4人へとこの間に352万人増加している。表1には含まれていない国々も含め，EU加盟した旧東欧社会主義諸国もチェコやスロバキアとほぼ同様に外国人人口が増える傾向にある。

　2009年人口において総人口に占める外国人人口比率をみると，ルクセンブル

表2　外国人入国者数

(1,000人)

	2000	2005	2009
チェコ	4	59	40
スイス	87	954	132
フランス	92	136	126
ドイツ	649	579	606
スペイン	331	683	469
日　本	349	372	297
スウェーデン	42	51	82
オランダ	91	63	104
スロバキア	5	8	14
ルクセンブルク	11	14	15
アメリカ [1]	841	1,122	1,130
イギリス	379	469	471
イタリア	272	207	―
韓　国	185	266	243

(1) 長期滞在のみ。
(資料) OECD, "International Migration Data 2011", 2011.

クの43.8％を最高に，スイスが21.7％，スペインは12.4％となっている。欧州諸国と比べれば，日本や韓国はまだかなり低い水準に留まっている。

　表2は同じOECDの資料から外国人の入国者数（フロー），表3は外国人の出国者数（フロー）を示している。全体的に入国者数の著しい増加傾向に対して，出国者数は微増あるいは微減を示している。国による相違も大きい。ここでも，統計の手法による違いが問題となる。各国の統計上，住民登録上の人口と滞在許可の人口に分けられるが，両者は必ずしも一致するものではないことを注意されたい。また，出国状況は事例が少なくなっている。

　まず，表2から入国者数の動向を見よう。変動が激しいのはやはりスペインで，2000年の33.1万人から2005年で68.3万人に達したが，その後急減し

表3 外国人出国者数

(1,000 人)

	2000	2005	2009
チェコ	0.2	22	9
スイス	56	50	55
ドイツ	563	484	579
スペイン		49	288
日　本	211	292	262
スウェーデン	13	16	18
オランダ	21	24	36
スロバキア		1	3
ルクセンブルク	7	7	7
イギリス	137	154	211
韓　国	89	267	236

（資料）OECD, "International Migration Data 2011", 2011.

2009年は46.9万人となった。旧社会主義のチェコは絶対数は少ないが，2000年の0.4万人から2009年の4万人へと10倍に急増している。アメリカの数値は長期滞在の外国人入国のみを示しているが，84.1万人から113万人へと29万人の増加で，絶対数では最大であろう。多くの国々がこの9年間により多くの外国人を受入れている。逆に，イタリアとドイツが若干減少傾向にある。ドイツはこの間に64.9万人から60.6万人に4万人の減少となっている。

他方，表3から出国者数を概観してみよう。スイス，ルクセンブルクは数値が安定化しており，横ばい状態といえよう。ドイツもほぼ横ばいの状況にある。その他の国々は等しく増加傾向が確認できる。入国者数ほどの勢いではないが，緩やかに出国者人口も増えつつあるといえよう。ここでもスペインは2005年の4.9万人から2009年の28.8万人へと急増を示している。チェコは一時増えて，また減少している。韓国も8.9万人から23.6万人へと急増している。

当然ながら，経済情勢によって外国人の入国，そして出国は大きく影響され

表4 日本の外国人登録者数（人）

	外国人登録者数
1990	1,075,317
1995	1,362,371
2000	1,686,444
2005	2,011,555
2010	2,134,151

（資料）法務省外国人登録者統計。

る。しかし，景気変動や各国政府の政策を超えて，全体としてみれば，人の移動がさらに活発化していることが理解できよう。外国人の入国者数が勢いよく上昇し，外国人の出国は緩やかな増加であり，全体として国際移動がかなり活発化していると総括できるだろう。

　かつては，人の国際移動は一方通行であると指摘されていた。例えば，旧植民地国から旧列強へ一方的な流れがあった。ところが，現在指摘されているのは移民の移動形態の多様化である。先進諸国から企業進出で開発途上国に派遣される労働者も増えている。欧州では，旧社会主義諸国がEUに加盟して一挙に27カ国間で自由に移動できることになった。後述のEPAの影響もあり，国境を越えた人の移動は世界的なレベルで進展している。

2. 日本における人の国際移動
日本の外国人人口

　日本における人の国際移動について見てみよう。国勢調査によると，日本の外国人人口はほぼ戦後一貫して上昇傾向にある。平成に入ってからは上昇傾向がさらに明らかである。具体的には，表4に示したとおり，1990年の日本の外国人登録者人口は総数1,075,317人であったが，2010年には2,134,151人となった[2]。この20年間で約2倍に増加した。

　他方，日本の総人口は横ばいから近年では若干の減少傾向にあり，少子化の

表5 日本における国別外国人登録者数（人）

	1991年末	2010年末	増減数	増加率
総　数	1,218,891	2,134,151	915,260	1.8
韓国・朝鮮	693,050	565,989	−127,061	0.8
中　国	171,071	687,156	516,085	4.0
ブラジル	119,333	230,552	111,219	1.9
フィリピン	61,837	210,181	148,344	3.4
ペルー	26,281	54,636	28,355	2.1
アメリカ	42,498	50,667	8,169	1.2
その他	104,821	334,970	230,149	3.2

（資料）法務省外国人登録者統計。

影響を如実に示している。この結果，日本における外国人人口比率は着実に増加している。外国人人口の増加は人口対策としてもその意義が強調される。より多くの外国人を受入れても総人口で減少しているということは，外国人を抑制すればするほど総人口の減少が大きくなることになる。逆に，人口規模を可能な限り維持するためには，国内の少子化による減少分を補足するのに足る多くの外国人を受入れなければならないという結論に至る。外国人問題は，もはや軽視し得ない国内問題の一環になりつつある。

　外国人人口を出身国別に見てみると，表5のとおりである。かつて韓国・朝鮮が最大であったが，2007年以降は中国が最大となった。1991年末時点では，韓国・朝鮮出身者が693,050人と外国人全体の56.9％を占めていた。同年の中国出身者は171,071人で14.0％であった。2010年末になると，中国がトップで687,156人と全外国人の32.2％を占めている。この19年間に4倍に急増している。続いて，韓国・朝鮮出身者が565,989人で全外国人の26.5％となっている。同じ期間に12万人以上の減少となった。

　以下，ブラジル，フィリピン，ペルー，アメリカの順で外国人登録者数が多くなっている。その他の国も含めて，全体として増加傾向にあることが明らか

である。絶対数では少ないためこの表には出ていないが，最近増加傾向が著しい国が，ベトナム，タイ，インド，インドネシア等のアジアの国々であった。これらの国々はEPAの対象国でもあり，今後さらなる増加が予想される。

他方，日本の外国人の出入国者数を見てみると，経済情勢によって一律ではないが，全体として出国者数も増加傾向にあることは間違いない。日本人の出国者数は1985年の4,948,366人から2009年には15,445,684人に3.1倍の増加を記録している。他方，外国人入国者数は1985年の2,259,894人から2009年の7,581,330人へと3.5倍に増加している。

外国人人口を在留資格別に示したのが，表6である。2010年末では，外国人登録者総数の45.2％が永住者で，54.8％が非永住者であった。永住者は増加傾向が顕著であるが，非永住者は最近減少に転じた。永住者数の伸びが高く，2000年の657,605人から964,195人への伸びを示している。

経済不況を反映してか「興業」資格が同じ期間に，53,847人から9,247人へと激減を記録している。「日本人の配偶者」資格も減少となっている。かつて農家の嫁を外国人から求める動きがあったが，いろいろな問題もあり定着していないようだ。「研修」も減少している。逆に，「技能」，「技術」，の資格は等しく増加を記録している。日本企業が世界中から技能労働者を中心に広く受入れている影響が見て取れる。「留学」，「家族滞在」，「人文知識・国際業務」，「企業内転勤」等も増加傾向が顕著である。

一連の外国人人口統計を概観すると，国別でも，在留資格でも多様化しつつ，全体としては増加傾向にあり，今後はさらに外国人人口は質量ともに拡大し，一般化していくことを予想することはそれほど難しいことではない。

海外在留邦人

逆に，日本人の在外居住者数を表7から見てみよう。1990年の海外在留邦人数は，620,174人で，長期滞在が374,044人，永住者が246,130人であった。この間増加を続けて2010年には合計1,143,357人，うち長期滞在が758,788人，永住者が384,569人となった。合計では1.43倍に達している。とりわけ長期滞

表6 在留資格別外国人登録者数

(人)

在留資格		2000	2005	2010	(%)
総 数		1,686,444	2,011,555	2,134,151	100
永住者		657,605	801,713	964,195	45.2
	一般永住者	145,336	349,804	565,089	26.5
	特別永住者	512,269	451,909	399,106	18.7
非永住者		1,028,839	1,209,842	1,169,956	54.8
	定住者	237,607	265,639	194,602	9.1
	日本人の配偶者	279,625	259,656	196,248	9.2
	留 学	76,980	129,568	201,511	9.4
	家族滞在	72,878	86,055	118,865	5.6
	研 修	36,199	54,107	9,343	0.4
	人文知識・国際業務	34,739	55,276	68,467	3.2
	技 術	16,531	29,044	46,592	2.2
	投資・経営(教授)[1]	6,744	6,743	10,908	0.5
	技 能	11,349	15,112	30,142	1.4
	永住者の配偶者	6,685	11,066	20,251	0.9
	企業内転勤	8,657	11,977	16,140	0.8
	興 業	53,847	36,376	9,247	0.4
	教 育	8,375	9,449	10,012	0.5
	その他	140,842	211,627	237,628	11.1

(1) 2000年度は「教授」, 2005, 2010年は「投資・経営」。
(資料) 法務省外国人登録者統計。

在者は2.03倍に増加している。

　労働者の国際移動は，当該国に加えて世界の国々の経済情勢によって影響を受ける。しかし，この間は安定的な増加傾向を保っている。しかも，世界同時不況期にもかかわらずに日本人の海外進出は増えていることの意味は大きい。

　海外在留邦人を国別でみると，かつてのアメリカや欧州が多かった状況か

表7　海外在留邦人数

(人)

	長期滞在	永住者	合　計
1990	374,044	246,130	620,174
1995	460,522	267,764	728,268
2000	526,685	285,027	811,712
2005	701,969	310,578	1,012,547
2010	758,788	384,569	1,143,357

（資料）法務省外国人登録者統計。

表8　国別海外在留邦人

(人)

	2000 国	2000 人　口	2009 国	2009 人　口
1位	アメリカ	312,936	アメリカ	384,411
2位	ブラジル	73,492	中　国	127,282
3位	中　国	53,357	オーストラリア	71,013
4位	イギリス	51,896	ブラジル	59,627
5位	オーストラリア	41,309	イギリス	59,431
6位	カナダ	34,446	カナダ	52,890
7位	ドイツ	26,402	タ　イ	45,805
8位	シンガポール	23,174	ドイツ	36,960
9位	タ　イ	22,731	フランス	30,947
10位	フランス	21,785	大韓民国	28,320

（資料）外務省，海外在留邦人統計，平成22年版。

ら，アジア中心に増加傾向にあることがわかる。表8から海外在留邦人数の多い国を見てみると，第1位がアメリカの384,411人，2位が中国の127,282人，3位がオーストラリアの71,013人であった。以下，4位がブラジル，5位がイギリス，6位がカナダ，タイ，ドイツ，フランス，大韓民国の順であった。

2000年以降の変化で見ると，やはりアジア諸国の比率が上昇していることが表れている。

　かつて，「産業の空洞化」が叫ばれた時期があった。日本の製造業が海外進出のラッシュを演じた。以前の大企業だけでなく，地方の中小企業まで東南アジア諸国をはじめ競うように進出して行った。「日本から工場が無くなる」と心配された。この時点では，海外の低賃金の大量の労働力のほか，貿易政策として対日貿易戦略を組む先進諸国からの圧力を避ける目的もあった。しかし，その後の経験で海外進出には予想外の社会的コストがかかり，金銭以外にも多くの問題が現れ，再度，海外から撤退し国内に戻ってきた時期もあった。経済情勢もその都度大きく影響を及ぼしたことは言うまでもない。

　そんな過程を経て，現在は再度海外進出の波が押し寄せている。かつてのように必ずしも製造業中心の進出ではない。今では，建設業や情報，通信，その他各種サービス業も含めた広い業界からの海外進出である。世界的な同時不況に，自由貿易の拡大を世界中の国々が進めていく必要が認識されている。

　グローバル化の進行が今後も見込まれていることもあり，日本人の諸外国への進出は今後も増え続けると予想することが一般的であろう。ますます多くの日本人を諸外国で受入れてもらうことと並んで，日本もますます多くの外国人を受入れていかなければならない時代になってきていると理解すべきである。

第2節　外国人受入れの拡大

　外国人の受入れについては，どこの国でも熱い議論が展開されてきた。国内でも決して容易に合意が形成されているわけではない。一部に強硬な外国人排斥を主張する勢力も存在する。今回の外国人受入れ拡大論議において，かつて以上に社会保障との関係が問題視された。ここで改めて外国人受入れをめぐる論点を整理したい[3]。

1．外国人受入れの理由
▌歴史的経緯
　民族移動の歴史は古代から確認されてきたものである。文明社会は常に栄枯盛衰を繰り返してきた。ある時期に繁栄し，その時期が過ぎれば衰退していった。自然や文明の変化に応じて，民族も移動することが歴史の必然であった。交通手段の発達によって，国境を越えて移動することは容易なことになった。近代社会においては，地球規模での経済力の格差が生じ，南北問題を生起させた。貧しい地域から豊かな地域への人の移動はやはり自然の流れとなった。
　植民地時代を経て戦後の社会においても，旧植民地と旧列強の関係は依然として密接なものにとどまっている。イギリスには旧大英帝国であった世界中の国々から人が渡ったし，フランスも特に地中海を挟んで対岸のアフリカから多くの移民が受入れられてきた。旧植民地国から欧州の旧列強には多くの移民が移動し，すでに多くは国籍も得て欧州の市民として定着している。その二世，三世と子孫も欧州で生活し，母国からも新たな親族が入ってきた。
　他方，地理的に接している隣国からの移住はいつの時代にも見られる。地続きの国々では隣国からの移住者も多い。イタリア人の多くがフランスをはじめ欧州各国に移住した。アイルランドからはイギリスに多数が移住した。欧州では戦争のたびごとに国境さえも変更されてきた。地域住民も，歴史の中で国に翻弄された人も多い。欧州に限らず，アメリカとカナダ，ニュージーランドや

オーストラリアと周辺諸国，シンガポールと周辺諸国をはじめ，いたるところで周辺諸国間の人の移動は見られた。

▍安価な労働力として

多くの国々の歴史を振り返って，外国人の受入れの背景にある要因は外国人の労働力が安価であることであった。通常の国内の労働力に比べて外国人の労働力が安価であることで，企業は労務コストを削減できる。隣接した国々であっても，物価水準や賃金水準は異なることが多い。特に，先進国と開発途上国であればこの格差はかなり大きい。

資本家や経営者は，同じ労働力を提供してくれる労働者であれば，国民に対象を限定する必要はない。政府が法律で規制しない限り，安い外国人の雇用が自然に進むであろう。貧しい国々の労働者にとっては，先進諸国で就労することは希望するところであろう。一般に，自国では就労機会が乏しく，就労しても低賃金で，生活は貧しいことになる。

近隣諸国に安価な労働力が大量に存在すれば，先進諸国の企業がこの労働力を活用したがるのは当然である。ただし，賃金は重要な要素であるが，他にも決定的な要因は存在する。例えば，労働の質である。労働者の熟練度如何によっては，安価であっても利用価値がない場合もある。最新設備の工場であれば，かなりの能力が備わっていないと安価であっても使い物にならないこともある。それ以外にも，外国人であることで賃金以外に大きな社会的コストが必要なこともある。企業も政府も外国人の受入れを総合的に検討すべきである。

ここでは，内外人平等待遇原則が無視できない。外国人は低賃金だから低コストで物価も下がるという短絡的な見方も短期の現象に過ぎない。いずれは，国民と同じ賃金となっていくはずである。また，外国人を受入れた方が賃金や物価が安くなるという主張の背景には，外国人の賃金は安くて良いという差別意識が存在する。国民も外国人も平等に扱うという国際社会の基本原則に従うならば，このような主張はありえないはずである。

■労働力不足対策として

　国内の労働力が供給超過である時期には，たとえ外国人が安い労働力であっても一挙に受入れとはなりがたい。国内で労働力が不足している時期には，国内産業の維持のためにも一挙に外国人受入れに向かうであろう。第二次世界大戦後の高度経済成長期において，先進諸国は等しく好況に転じ労働力不足に陥り，外国人受入れは一挙に増加した経緯がある。そして，1970年代から経済危機に陥ると，外国人受入れは一挙に抑制に転じた。

　現在，多くの先進諸国では若い労働者数が減少傾向にあることで，今後の国内産業を担う労働力の不足が予想されている。産業界としては，長期にわたって安定した労働力供給を確保したいところであろう。労働力不足を外国人労働者で補うということは，一時的，部分的にはうまくいくかもしれないが，長期的，総合的には難しいし，多くの問題が予想される。

　人口高齢化もいつかピークに達し，以後は安定した人口構成が続くと予想されている。同程度の労働力規模を維持するとしたら，今後も継続的な外国人労働者受入れが必要になってくる。一度国内の労働力不足の補充のために外国人を受入れた経験が新たな前提条件となり，労働力の一定比率は常に外国人によって占められる労働市場ができあがってしまう可能性がある。

　さて，外国人労働力はもはや必ずしも安価で劣等な労働力ばかりではない。IT産業に典型的なように，先進諸国では不十分な専門能力を持つ外国人を積極的に受入れる事例もある。開発途上国にもIT関連の優秀な人材がたくさんいる。有能な若者を広く世界から集める企業行動によって，国際競争に勝ち抜くことができる。こうした事実がグローバル化に拍車をかけている。

■少子高齢化対策として

　少子高齢社会の人口の歪みを外国人でもって調整しようという主張もある。賦課方式の年金財政を維持するためにも，現役労働者世代の外国人労働者が増えると年齢構成も均衡化に動き，負担の増加を阻止することができるとするものである。年金に限らず医療や介護に関しても同様に，受益者ではなく負担者

として貢献してくれる外国人を歓迎することで財政の健全化が期待される。

だが，外国人も高齢化するし，開発途上国出身者に特有の多子家族もすぐ小家族になるだろう。この政策効果も若い外国人が来てすぐの状況であり，一時的に過ぎない。時代とともにこの効果は小さくなっていく。もし，外国人受入れを急遽厳格化する方針に変えると，長期滞在の外国人のみが高齢化し，新たな若い外国人が入ってこなくなり，外国人によって高齢化が逆にますます深刻化することも考えられる。

人口対策として外国人の受入れを調整することは，新たなリスクを抱え込むようなものである。重要なことは，外国人に関しては増やすことは極めて容易にできるが，減らすことはほとんど政策的には困難であるという事実である。このことは多くの先進諸国の事例が証明している。

▍貿易自由化の一環として

現在，外国人が増える背景としてはEPAやFTAといった貿易協定の影響がある。世界的な経済不況の中，世界中の国々が競うように貿易自由化を進めている。FTAやEPAの場合，特定国間での農産物や工業製品の貿易に限らず，広くサービス貿易に関係する自由化の交渉が展開されている。サービス貿易には，人が海外でサービスを提供することも含まれる。したがって，専門職従事者の海外からの受入れが二国間の協定に基づいて展開されている。

先進諸国は相手国に関税の削減，撤廃や投資環境の改善等の要求をするのに対して，特に開発途上国から，専門職の人の受入れ等を先進国へ求めてくる場合が増えている。こうした要求を受入れないと，先進国の経済全体が競争力を弱めることになる。もはや，外国人の受入れは先進国の国内問題ではなく，世界経済に影響を及ぼす国際問題となってしまった。さらには，同時不況の世界経済からの要請でもある。

また，後述する近年の社会保障の二国間協定についても，実は貿易政策の一環としての意味が強い。海外派遣社員の社会保障の二重適用を回避し，結果的には企業の負担の大幅軽減となることは，自由な国際競争から求められる対応

でもある。少なくとも，企業が海外進出する場合，社会保障協定の存在する国への進出が魅力的になる。

2. 外国人を制限する理由
　他方，外国人受入れの拒否を主張する勢力も多数存在する。ここで，想定できる経済的・社会的な理由を指摘したい。

▍国民の失業の拡大
　外国人の受入れに対して抵抗する理由の一つは，国内の労働市場への影響であった。国民が外国人に職を奪われて失業する恐れがあるためであった。その証拠に，国内の景気が良い時期には外国人受入れに寛大になり，失業率が高い不況期には外国人受入れの主張は弱まるのが一般的であった。日本に限らず，多くの先進諸国においても歴史的に証明されている共通する考え方であろう。
　また，日本では単純労働者は原則的に受入れず，日本人と競合せずに日本人の職を奪わないような専門職種については一貫して受入れが認められてきたことも，この考え方に沿っている。例えば，日本人には少ないような専門職種では，受入れの制限がかなり弱くなっている。
　これは日本に限ったことではない。欧州でも，国内経済の景気調整弁として外国人労働者が利用されてきた。国内労働力で不足が生じた時に外国人で補い，余剰が生じれば外国人から削った。しかし，人はそう簡単に移動させられるものではないということが，先進諸国が共通して理解した結論であろう。

▍労働条件の後退
　外国人を拒否する理由は雇用機会の喪失だけではない。入ってくる外国人の賃金は当該国の賃金水準より低いのが一般的である。高い所得を求めて人は移動するわけである。外国人の賃金が低いということは，国内の賃金水準に大きな影響を及ぼす。企業経営者は，同じ労働能力であれば，賃金の安い外国人を雇用することになろう。となれば当該産業の当該職種の賃金水準が引下げられ

る恐れがある。このことは当該国の労働者全体の利害に反することになり，正規労働者の労働組合等は強硬に反発するであろう。

　平等待遇が叫ばれ，外国人と国民の間の賃金差別はしないという原則を掲げているが，実際には原則を守ることは難しい場合もある。例えば，他の産業に比べて外国人の多い産業は賃金引上げが遅いことで，長期的には低賃金の産業となってしまうこともあろう。すると気が付いたらその産業は外国人しかいないような産業になってしまうこともある。

　日本でも，看護師や介護士の専門職は比較的賃金が低く労働条件も厳しく人気が低迷している。本来なら労働条件を改善して，賃金も引上げていくことで労働力の創出が見こまれるところである。そこに，無尽蔵の外国人労働者が入れば，労働条件や賃金はこれまでの日本の水準のままに据え置かれ，改善されなくなる可能性がある。すると，長期的にはますます他の職種に比べて労働条件が低くとり残され，日本人の新規入職者は減少していくかもしれない。

国内問題の多様化

　外国人を受入れるということは，その外国人の異なった文化や価値観を受入れることを意味する。善悪の次元とは別に，異文化に対する抵抗も生まれることがある。宗教から生活スタイルまで異なる社会を受入れることで，新たな統合化政策が必要になる。

　外国人が増えると治安が悪くなると言う人もいる。必ずしも正しい表現ではないが，現在の入国管理においては不法滞在者が多くなる傾向にある。つまり，長期滞在には厳しい管理をしている一方で，外国人には長期滞在へのニーズが高い。合法的な滞在が不可能となった外国人は不法であっても当該先進国に滞在を希望する人も多く，不法化する可能性を持つ。正規に就労が認められないと，不法就労となっていく場合が増えていく。

　外国人人口が増えているのであるから，外国人が犯罪や事件に関与する件数も増えるのは当然である。厳密に言うなら，当該先進国の国民の間でも犯罪や事件の件数は増えているものと思われる。中にはごく少数の外国人が関連した

凶悪な事件が，外国人全体のイメージを悪化させてしまうこともある。

多くの先進諸国では国粋主義が不況下で人気を増やしてきている。外国人排斥は等しく彼らが訴えるところである。治安の問題に限らず，外国人は職場だけでなく，生活の場において多様な問題を生じることもある。宗教，生活習慣，文化等におけるさまざまな場面で，国民が違和感を覚えたり，差別の対象となったりすることがある。そもそも国際的な共存社会とはこうした違いを尊重するところから始まるはずであるが，急には順応できない部分もある。

社会的コスト

外国人は労働者としてのみ存在するのではない。仕事を離れれば市民であり，家に帰れば家族がいて，人として，家族として普通の生活をする。職場で問題がなくても，私生活では話が別である。外国人が異国で生活するには，いろいろな問題が存在する。例えば，子供の教育にしても，当地の言語が不十分な外国人児童は，何らかの援助が必要となろう。家族全員がいろいろな場面で，多様な援助を必要とする。そこでは，ボランティアも有効かもしれないが，実際に外国人の多い自治体は多様な専門スタッフを揃えている場合が多い。

社会保険に未加入の外国人が病気にかかれば，医療費が回収できないことも起こるだろう。後述のとおり，自治体が立て替えている場合もある。外国人であるがために，社会が負担しなければならないコストがある。労働に関しては，職場である企業の問題で済む。しかし，社会的にはそれだけでは済まない。そのコストは多くの場合，当該国民が税金を通じて負担することになる。

外国人のために各種の社会的コストを負担することに，当該国民が拒否感を強める時もあろう。本来，国民であれば必要のないようなコストを払うことに反発して，外国人締出しの圧力につながることもあろう。

欧州では，経済不況期に外国人を帰国させる対策をとった。帰国奨励金を支給し，帰国後の事業創設費用を融資し，子供の母国語教育まで行った。長期滞在の外国人は既得権を認められており，強制的な帰国はもはや困難になる。不況で外国人は失業する可能性も高い。失業すれば失業保険，生活困難に陥れば

公的扶助で保護されるのは国民と同様である。こうした費用も最終的には国家の負担となる。

3. 日本における外国人受入れ論議

日本は歴史的にも外国人との交流は決して頻繁ではなかった。極東の島国の日本は外国人の出入国を厳格に管理することが可能であるし，鎖国を長年経験したこともあり外国人の受入れは最小限であった。

1980年代の議論

労働市場が人手不足であった高度経済成長期にも，外国人を受入れようという意見はほとんどなかった。1980年代のバブル期に，国内の製造業や建設業をはじめ労働力不足が深刻化した状況で産業界から外国人の受入れ要請が強まった。製造業のラインで働く労働者が不足し，建設現場で働く基幹労働者が不足して，受注に応じられないような状況が出ていた。このままでは日本の産業の担い手が足りないため，日本経済の将来は不安であるとの見通しから，外国人労働者の受入れ拡大が強調された。

フィリピンは当時から看護師はじめ移民受入れの要請があった。しかし，必要とされた人材は主に単純労働者であった。3Kや4Kと呼ばれる職種に，もはや日本で労働者が充足することは困難になっていた。ところが，日本の受入れ政策の基本は，日本人の失業に直接影響を及ぼすような単純労働者の受入れは認めず，技能・専門職に受入れを限定することであった。

そこで，新たに注目されたのが研修制度であった。一般の労働と一線を画し，外国人の研修の機会を提供することであれば，国際協力の意味もあり，期限になれば帰国することを前提として，日本の労働市場に大きな影響を及ぼさないと考えられた。しかし，実際には，この研修制度を悪用し，外国人を低賃金で便利な労働力として利用した企業も報じられている。

その後バブルは崩壊し，長期にわたる経済不況の時期に入っていった。もはや，外国人を受入れよと主張する声は一挙に小さくなった。失業率も高くなり，

国内での雇用不安も大きくなり，外国人問題は議論からも消えつつあった。

現在の議論

　経済不況は回復していなかったが，外国人労働者に関する議論は再度転機を迎えた。徐々に外国人受入れ拡大の路線が強調されるようになってきた。そこにはいくつか異なる新しい要因が働いていたと思われる。

　第1に，後述するように，世界同時不況下にあって，さらなる貿易自由化が目指されたことである。その一環として，サービス貿易の自由化が強調された。日本政府は EPA を次々に締結した。その中には，日本への看護師や介護福祉士の受入れを盛り込んだ協定も含まれていた。貿易立国として貿易自由化は邁進させなければならないのが日本の基本的な立場であり，その結果として外国人の受入れを拡大せざるをえなくなってきている。

　第2に，日本国内に少子高齢化への不安があり，人口も減少傾向にある。社会保障の側面からも，若い外国人の受入れにより社会保障を担う世代の補強を主張する声もある。より具体的には，賦課方式の年金制度において，拠出者の減少を食い止めるために外国人に加わってもらう提案である。特に，繰返された年金改革において，新たな担い手（拠出者）の発掘が急務となった。年金拠出の担い手になってもらうには長期滞在が前提となる。

　第3に，失業率が歴史上比較的高い割には，一部の職種で労働力不足が著しいことが指摘されていれる。低賃金で労働条件も比較的劣悪で，ホームレスや失業者であってもなかなか就きたがらない職種がある。こうした職種は，国内で条件を改善して労働供給を生み出すより，外国人に機会を与えて受入れを認めた方が早道ではないか，という主張もある。

【注】
（1）OECD, "Population Outlook 2011", 2011. 参照。
（2）法務省『出入国管理統計年報』より引用。
（3）労働省『外国人労働者の受け入れ政策』（社）雇用問題研究会，1989年。

第2章
社会保障の原型とグローバル化

　本章では，社会保障の基本的な特徴を明らかにしていく。グローバリゼーションとの関わりを中心に，これまでの社会保障が国内的な対応に終始してきたため，グローバル化へ対応ができなかったことを論じていきたい。

第1節　社会保障の基本特性

　社会保障とは，「連帯」であると言われる。富める者が貧しい者を助け，健康な者が病人を助け，若者が老人を助け，そして，強い者が弱い者を助ける。こうした人類の摂理を具体的な社会制度として体現しているのが，社会保障である。ところが，社会保障には大きな問題がある。非常に狭い範囲での国民相互の「連帯」の制度として運営され，国際化に対応できないところである。「属地主義」とは，その政策の適用対象が当該国家領土内に限定されることを意味する。もともとグローバル社会を想定してこなかったことが問題の発端である。

1. 社会保障と国家
▍社会保障の原型

　ある国の社会保障を論じる前に，もともとその国がどのような国であったか，この分析から始める必要がある。社会保障という制度がもともとの国にどのような影響を及ぼし，現在どのような社会になっているかが明らかにされなければならない。ここで重要になるのは，富と分配であろう。もともとの国が

豊かであるか，貧しいか。そして，富の分配は比較的平等か不平等か。そして，どのような社会問題を抱え，どのように対処されているのか。これらの状況によって各国がどのような社会保障を必要とするか規定されてくる。

例えば，A国は豊かで富が比較的平等に分配されていたとする。他方，B国は全般的に貧しく，貧富の差が著しいとする。当然ながらA国とB国では社会保障への必要性が違う。A国に社会保障があまり発達しないからと言ってこれを非難することは見当はずれかもしれない。また，必要性が客観的に認められても，社会保障が国民の合意を得て実際に成立するかはまた別問題である。

実際に，世界にはいろいろな国々がある。貧困国であるが，階級制度が厳格で富が一部の支配階級に独占されている国。この種の国の支配階級はなかなか社会保障には応じないかもしれない。他方，豊かではないが農業国で，自給自足的な経済が成り立っている国。ここでは社会保障の必要性があまり感じられないかもしれない。豊かであるが，他方で貧困者も多い国もある。もともとの国の状況の解明が，社会保障制度の評価以前に展開されるべきである。

富の分配だけではない。単に気候の違いも，福祉へのニーズの違いになる。「マッチ売りの少女」でアンデルセンが描いた世界は，北欧社会に象徴的である。デンマークでは家がなく路上で一夜を過ごせば寒さで死んでしまう。ところが，熱帯地域であれば少女はジャングルに入れば自生の果実が得られ，町では小遣い稼ぎの仕事をして，ホームレスでも死なずに生活が成り立ってしまう。気候一つとっても各国の福祉に対するニーズを変えてしまう。社会保障の必要性は，北欧のようには南国では認められないであろう。寒い国で社会保障が発達しているという事実には意味があるように思われる。

主体としての国家

社会保障は国家の行う国内政策の一環である。特定の自治体が独自に行う政策は，正式には社会保障とはならない。各地方自治体の裁量権をある程度は認めながらも，国が法律に基づいて全国的に行う施策が社会保障制度として認められる。中央政府と地方自治体の権限関係は国によって異なり，今後も重要な

検討課題である。

　国が行う制度は，当然ながらその適用範囲が決まっている。当該国家の国境内に適用が限定される。他の国に適用が及べば，その国への権利侵害となり内政干渉となる可能性もある。たとえ，人道的な配慮から善意で隣国の社会的な弱者に支援をするとしても，当該政府の了承を得た上で国際協力として展開しなければならない。他国の介入は善意であっても，不当となる可能性がある。

　この国家主義という枠組みがあるために，社会保障に関しても多くの問題が生じてきている。国際機関やNPO等が紛争地の支援を行おうとしても，当該国政府がこれを認めなければ，現地に入ることもできない。当該国政府が社会保障への意思を持っていないと，国際社会は何もできないことになる。

▋国内政策としての社会保障

　本来，社会問題は各国で異なり，各国とも固有の問題を抱えていると考えられてきた。国内問題を扱うということで，内務省（Ministry of Internal Affairs）が存在した。外務省の対極ともいえるこの省が後の厚生省となった。また，その社会問題への対応である社会保障も当然ながら各国独特の方法が選択されてきた。その際，自国の国内のことだけ考えれば，十分であった。そこには国民の価値観も含め多様な要素も関係していた。

　10の国があれば，10の福祉国家モデルがあると言われる所以である。各国は歴史，文化，宗教，政治，経済，社会，地理，国民性，そして，社会問題においても独自の特徴を持っている。社会保障は国民の合意に基づき，各国の知恵と叡智を結集させたものであり，一律には評価できない。

　社会保障は，本来国内政策の一環であった。イギリスのエリザベス救貧法にしろ，ドイツビスマルクの疾病保険法にしろ，アメリカの社会保障法にしろ，すべて国内法に基づいて国内政策の一環として成立し，国内のみで実施されてきた。社会保障を立案し，実施する主体は国家，あるいは国家と連携した地方自治体であった。今後もこのことは決定的に重要であるが，国家という枠組みを越える視角が必要性を増している。

社会保障という学問対象は，一般的には国内であった。通常は，断り書きが無くても，国内の状況を前提としている。つまり，日本の「社会保障論」で扱われている内容は，「日本の社会保障論」を暗黙のうちに意味してきた。「グロバリゼーション」が叫ばれる時代にあって，社会保障は教育分野と並んでかたくなに国内にこだわり，最もグローバル化対応が遅れている領域であるとも言われる。

　日本国憲法25条によると，すべての「国民」は健康で文化的な最低限度の生活を営む権利を有しているとある。そして，この権利を保障するのが「国家」の責務であると明確に述べている。ここでも，ドメスチックな性格が露呈されている。社会保障の適用を受けられるのは「国民」，つまり，日本人国籍所持者という意味であり，逆に，外国人には適用しないと解釈できる。生活保護法も1条でその目的について触れ，同様に「国民」という概念を敷衍している。

ローカルなサービス

　社会福祉の領域では，地域が重視されている。福祉のニーズは地域によって異なり，地域社会の違いに対応できるようきめ細かい福祉サービスが議論されることが一般的である。主として議論されるのは，特定地域における福祉であり，政府は一国内レベルで地域福祉を統括する。例えば，障害者福祉を論じる場合であれば，具体的な障害者個人の姿が描かれていることが前提である。高齢者福祉であれば高齢者を，児童福祉であれば児童を具体的な対象とする。

　社会福祉という領域自体が現場を重視する性格が強い。特定地域の，特定施設の，特定個人に焦点を当てている。「コミュニティー福祉」が叫ばれるように，福祉においては地域での活動が重視されている。それぞれの地域は，地域の独自性を持っており，地域で完結するような福祉政策が望まれている。

　日本の場合で見ても，沖縄や北海道の状況と東京の状況を同じ地域問題としては論じられないところがある。逆に，すべての地域の問題を，霞ヶ関ですべて決定してしまうことが福祉では問題視されてきた。「現場の事を知らないで，何ができるか？」と非難されてきた。都会と地方では，市民のライフスタイル

が違うし，社会資源も大きく異なる。地域に適合した福祉サービスが必要となっていることは，近年の介護福祉においても顕著に示されている。
　中央集権化体制の下で，大方の決定事項が中央政府で決められてしまうことは不合理であり，地方分権化が提唱されている。一部の政策では権限の委譲が実現しているが，財政をはじめ重要な部門はまだ中央政府が強力に掌握しているのが日本の現状である。しかし，そんな中でも，福祉領域では地域に密着したサービスの展開を進めている。
　こうした社会福祉における地域主義は当然のことではあるが，本書で扱うようなグローバル化に関しては対応が後手に回る可能性が高い。外国人の受入れは日本の貿易政策上では国益につながると政府が強調しても，地域では外国人の対応に関しては地域の責任となり中央政府は何もしてくれないとの主張もある。また，必然的に外国人を大量に抱え込む自治体とそうではない自治体との間の温度差もみられ，足並みがそろわない実態もある。

国家と国境

　古代から，人類は国家を形成してきた。国家があるところには必ずその支配の境界を示す国境があったであろう。近隣に別の国家がなければいざ知らず，周辺諸国がひしめく状況にあっては，隣国との境界を示すことが双方の国々にとって安全と平和のために必要な措置であったに違いない。国境をめぐっては，いつの世も紛争が存在した。現代社会においても，この国境問題は解決しているものではなく，いまだに随所で紛争が続いている次第である。
　他方，国家はいつの時代も栄枯盛衰を繰り返してきた。国家を形成する民族はいろいろな理由によって変化を続けてきた。ある時は人口を拡大させ，国境を越えて近隣諸国に突き進むことがあった。また，逆に，伝染病や自然災害等によって人口を減らし弱体化したり，国内紛争の結果分立したり，政情が混乱したり，近隣諸国の勢力の侵入にさらされることもあった。古代から民族の移動はしばしば見られた。その結果，国境は何度も引きなおされてきた。
　近年の世界では，この国境の意味合いが変化してきたように思われる。もち

ろん場合によって異なるが，ベルリンの壁の崩壊に象徴的であるが，東西冷戦構造が解体し，旧社会主義国との国境は低くなり，かつてとはまったく状況が異なってきている。欧州の旧社会主義諸国が次々とEUに加盟した。拡大を続けるEU域内では「欧州市民」の自由移動が認められている。「国家」と「国境」の意味が改めて問われる時期になっている。

さて，社会保障は政府の行う政策の一環である。当然ながら，その効力が及ぶのは国境内である。場合によっては，国境内にも特別な地域があって政策の対象に含まれない場合も存在する。国によっては国内外に独立保護区があり，当該地域には中央政府の法律も適用されない場合もある。また，地方政府が自治権を認められ，社会保障に関しても当該地域内で意思決定できる国もある。アメリカのような大国では，州によってかなり異なる運用を行っている。中国でも，省ごとに社会保障の普及もかなり異なっている。

しかし，人は国や自治体の境界を越えていく。その際に，境界を越えた人の社会保障の権利・義務関係はどう対処されるか，大きな問題となる。国内であれば，調整は比較的容易であろうが，国境を介しては当事者国家間の協定や国際機関の対応が必要となる。

2. グローバルな社会問題への対応
多様な社会問題

社会には多様な問題が存在している。その社会問題の内容は国によって著しく異なる。豊かな国と貧しい国では，社会問題の質と量が決定的に異なる。豊かな先進諸国にも貧困問題は存在する。しかし，国民の多数が飢餓状態にある開発途上国の貧困問題と先進諸国の貧困問題は同様に議論できない。

富の問題だけではない。各国は独自の社会問題が存在する。例えば，社会階級構造の問題，人種差別問題，女性差別の問題，移民や難民問題，教育問題，環境問題，医療・保健・公衆衛生の問題，治安問題，政治紛争，宗教問題，住宅問題，職業問題，人権問題等，社会問題は限りない。隣接する国々であっても，各国の社会問題は異なることが多い。

さらに，国民の価値観もここで重要である．同じ社会問題を有していても，それを深刻な問題と国民が認識するか，当然のこととして特に問題視しないかによって，その社会問題の意味は異なってくる．特に教育水準の低い国においては，国民が問題の深刻さを認識することもできない場合もあろう．つまり，多様な社会問題のうちどの問題を優先的に対応すべきか，その合意形成によってその国の社会政策は規定されることになる．

　例えば，多かれ少なかれ階級構造が存在する．一握りの支配階級が富と多くのものを独占していて，多数の農民や平民は飢餓に苦しんでいる国もある．この社会構造は支配階級にとっては何ら問題ではなく，これを維持したいと思うかもしれない．下層民にとっては階級構造を改めるべきと思うはずであるが，そうした認識すら理解できないかもしれない．識字能力すらない国民にあっては，社会を自分たちが変えられるとも認識できないかもしれない．

　グローバル化社会は国内の問題と国外の問題を一挙につなげてしまう．国内にはないような国際社会の問題が，突然国内にも影響を及ぼすこともある．国境を越えた社会問題もある．国家の管理を逃れ，国境周辺地域に集まりがちな社会問題もあろう．多くの社会問題は，国境で食い止めることは困難である．一国内で対策をとっても，近隣諸国から問題が遠慮なく侵入してきてしまう．

求められる多様な対応

　同じ社会問題であってもその対応は国によって異なるのは当然である．ある人々が何らかの社会的な問題を抱えるとする．誰が，どのような手段によって，どの程度の支援や救済を行うのか，多様な選択肢がある．まず重要なのは，救済の主体である．国家が登場する場合に，社会保障が伴われることになる．それ以外に，自治体，共同体，民間組織，宗教団体，NPO，企業等も考えられる．家族や親族，隣近所の住人の場合もあろう．北欧の福祉国家では，真っ先に国家が介入してくるのに対して，アメリカ等では地域の教会や民間団体が登場する場合が多くなる．日本のように企業福祉を利用して多様な対応を展開している場合もある．欧州では，労働組合が重要な役割りを果たしている．

社会問題が国際化しているのであるから，対する解決策も国際化しなければならない。社会問題が国境を越えて存在する以上，国内にしか効力の及ばない国内政策では問題の根本的な解決には至らない。関係する国家が連携して協力することで，はじめて問題へ対峙できることになる。グローバル化する社会問題には，グローバルな対策が必要となる。

社会保障の代替的制度

　社会保障は国民の厚生という目的を達成するための一つの手段に過ぎない。その目的は他の手段によっても達成することもできる。もともとの国家が社会保障によらず当初より国民の厚生をある程度達成している場合もある。社会保障でなくても他の特定の制度が同様の機能を果たすこともある。国民の最低限度の生活を保障するのは社会保障だけではない。代替的な制度が機能していることも少なくない。したがって，先進諸国一般で議論される社会保障が不十分だからと言って，必ずしも国民の福祉が遅れているとはいえない。異なる方法で異なる概念の福祉を達成しているかもしれない。

　日本で言えば，年功賃金や扶養手当は賃金であるが福祉的な意味合いを持っている。日本的雇用の一環としての終身雇用慣行も失業者救済としての失業保障より積極的な失業予防として機能してきた。他に，各種企業福祉，民間保険の普及，高い貯蓄性向等は日本独自の福祉に貢献している。開発途上の農業国で見られる村落内での相互扶助制度も重要な福祉制度といえよう。アジアの国々では家族が福祉的な機能を果たしている。高齢者福祉施設の不足を社会福祉の遅れと評価するのは一概に正しいとはいえない。

第2節　国境を越える社会保障

1. 社会保障国際化の誘因
人の国際移動の活発化

　国境はいつの時代においても決定的に重要なものであるが，人間は必ずしもこれに厳格に拘束されてきたわけではなかった。国境を越えて民族が移動することは古代の時代から行われてきており，珍しいことではない。ましてや，個人の話となればなおさらである。山を越えれば，川を渡れば，道を渡れば，隣の国に入る場合も多い。しかも，検問所が必ずあるとは限らない。誰も，国境を越えようとする人を完全に止めることはできない。

　第1章で明らかにしたように，人の国際移動は世界的なレベルで進展している。今では経済情勢にかかわりなく，外国人の受入れは経済の活性化に貢献している。世界同時不況からさらなる貿易自由化によって世界経済を活性化させようという国際的な共通認識がある。FTA（自由貿易協定）に加えて，EPA（経済連携協定）が多くの国々の間で締結されている[1]。EPAの協定の中で，人の移動を盛り込んでいる事例が増えてきている。日本も例外ではない。

　社会保障が国際化の対応を迫られている背景にあるのは，経済社会の国際化，より具体的には人の国際移動である。もはや多くの国民が国境の中だけで生活している時代ではない。より多くの人が，そして，より頻繁に国境を越えて移動する社会が現代である。属地主義の社会保障では対応できなくなってきている。国境を越えた瞬間に，社会保障が適用しなくなるのでは，人の移動にとって大きな障害になってしまう。国境を越えて移動する人をもはや例外ではなく，当然の勢力として前提し，社会保障も対応すべく手段を準備する必要に迫られている。

企業ニーズと国益

　国内的な性格のつよい社会保障領域にも，国際化の波が押し寄せている。強

調したいのは，各国の社会保障が自ら発展的に国際化を志向しているのではなく，多様な社会環境から志向せざるをえなくなってきたという点である。特に，国際競争の激化によって企業ニーズと国益とが強く働いている。

　企業はますます多国籍化し，国内にとどまらずに世界中に進出している。これに付随して，人も次第に国境を渡って移動することになる。利益が上がるのであれば，資本は国境を超えるし，企業も進出していく。世界で自国企業が活躍することが，その国の国益にもつながる。

　近年，二国間で国際社会保障協定の締結が続いているのは，企業の強い要請が働いている。協定によって，これまで海外派遣社員の社会保障が両国間で二重適用となり，企業も保険拠出を二重に負担してきた。特に先進諸国では福祉の充実から保険料がかなり高いのが実情であり，これを免除される経済的な節約効果は計り知れない。

　他方，社会保障協定は相手国にとっても国益に資するところがある。二国間協定は双方の国にとって利益がないと一方的には成立しない。もちろん，相手国から当該国に進出している企業は，同様に社会保障の適用を免除されて拠出義務がない分だけ節約できる。さらに，協定が外資系企業の誘致策ともなる。かつては税的な優遇政策が多様に展開されてきたが，社会保障協定は同様の企業誘致効果をはたすことができる。他の条件が同じであれば，海外進出企業は社会保険料の負担の少ない国へ進出するであろう。特に欧州は社会保険料がかなり高いため，協定の意味も大きくなる。もはや，社会保障政策の本来の動機から逸脱し，経済政策の一環として社会保障協定が展開されている。

▌社会問題の国際化，普遍化

　社会問題は各国固有のものであるとされてきたが，近年では共通性が増している。交通手段の発達もあり，各国間の距離はますます近づいている。かつて交通手段も乏しく山や谷が隔てていた村々は，社会的に隔離され，孤立していた。交流も少なく，まったくの別世界という状況にもあった。ところが，交通手段の発達は資本や物，人の移動を活発化させる。お互いにより影響力を持ち

合うようになり，社会問題も共有されるようになってきた。

　現代社会では社会問題も複雑化し，多様化する。いくつか事例を挙げてみよう。公衆衛生は開発途上国では重要な問題の一つである。公衆衛生の問題は国内問題にとどまらないことは明らかである。国境を越えたら別世界で公衆衛生の問題がまったくなくなることは想像しにくい。水供給や下水処理等の問題は，国境を越えた周辺諸国に共通する問題となることが多い。例えば，川を国境にする場合がある。同じ川の左岸と右岸で国境を接していたり，上流と下流で国を分けていたりする。川の汚染は国境では区切ることができない。周辺諸国は運命を共通にすることになる。もし，同じ河川の汚れから伝染病が発生したら，周辺諸国は同時に感染するだけでなく，一挙に世界中に伝染する。大気汚染についても，一国で排出され汚染された大気は国境上の空気中で食い止めることはできず，近隣諸国の大気汚染になっていく[2]。

　多くの社会問題はもはや国内で完結しない。ある国の国内の社会問題はすでに国際社会に影響を多かれ少なかれ与えている。貧困の問題にしても，周辺諸国に蔓延している。社会問題は国境をはさんで微妙に連鎖している。先進諸国と開発途上国は多くの場合，近隣地域に固まっていることは世界地図を見れば明らかである。先進諸国と途上国が隣国で国境を接しているのはむしろ稀である。先進諸国の隣はやはり先進諸国であり，開発途上国の隣はやはり開発途上国である場合が圧倒的に多い。比較的同質の経済社会が国境を介して隣接している。アフリカやアジアの開発途上国の社会問題は，国境を越えても同様に隣国の社会問題に連なっている場合が一般的である。

　国境を隠れ蓑にして，隣国の社会問題に加担する場合もある。例えば，違法薬物や人身売買等，犯罪にかかわるような社会問題であるが，警察権力の及ぶのはやはり国境内であり，近隣諸国に逃げ込みながら犯罪を続け暗躍している集団もある。属地主義を逆手にとり，国境を利用した犯罪が成立している。こうした国境を越える犯罪には，国家間の連携がなければ問題は解決できない。

2. 社会保障の適用条件

社会保障にはいろいろな制度があるが，それぞれの制度が誰に，どのような条件で適用されるか，さまざまな条件（適用資格要件）が設定されており，特に外国人にとっては決定的に重要となる。代表的な適用要件を概観していこう。

▌国　籍

国民を社会保障制度の適用対象に限定する場合がある。外国人ということだけで，当該国の社会保障は一切適用から除外されることになる。日本もかつては「国籍」条項が存在していたし，国民健康保険や国民年金も日本国民に適用が限定されていた。国籍を社会保障の適用条件にすることは，外国人への差別的な待遇を意味し，もはや多くの国々において国籍条項は排除されつつある。

しかし，公的扶助等の一部の制度については国籍を課す国もある。社会保険制度については，内外人平等待遇原則に基づき，外国人にも平等に適用されることが一般的である。ところが，公的扶助については，国籍要件を課す国が少なくない。

▌居　住

多くの国々で，居住を社会保障制度の受給要件に設定している。現に当該国に居住していることが，社会保障制度の適用条件となる。同国民であっても，国外居住者であれば適用から除外されることもある。過去に当該国に居住していた外国人が本国に帰国してしまうと居住要件をもはや満たさなくなる。

社会保障にはいろいろな制度があるが，長期間の加入を前提とする制度もある。老齢年金においては，本国に帰国した外国人が当該国の年金を申請し，受理されるか大きな問題である。雇用契約が終了すれば，本国帰国を余儀なくされる。労働期間中は保険料の負担を強制されていたはずである。受給時には当該国に居住していないことになる。

被保険者本人だけでなく，家族の居住も重要になる。家族給付制度においては，本国に残してきた児童を対象とした就労国における家族給付の適用に際し

て居住要件が関係する可能性がある。また，例えば，単身赴任していた労働者が何らかの理由で死亡した時に，遺族給付が本国の遺族に適用されるか同様の問題となろう。社会保障では，家族という単位で設計されている部分もあり，家族の居住が問題となる可能性がある。

「居住」という要件が本来曖昧な部分もある。いつの時点での居住が求められるのかが問題となる。現時点，申請時，受給時の居住のみで良いのか。過去にわたって通算の期間か，あるいは，過去何年間に何年間以上の居住といった詳細な条件が国によって，あるいは制度によって規定されている。

滞在許可・労働許可

外国人は一般に滞在許可や労働許可を取得する必要がある。これにより，当該国での滞在や労働が正当化される。滞在許可は，違法滞在か合法的滞在かの決定要因になる。合法的な滞在を前提として，外国人に社会保障が適用される。在留資格が認められなければ，社会保障も適用除外されることがある。

先進諸国の中では，不法滞在外国人への社会保障制度の適用を認めない国が多い。他方，社会保障の受給権と滞在資格は別のものとして扱う国もある。不法滞在外国人であっても人権が認められるべきであるとの主張である。当該国の国民であれば，犯罪者であっても社会保障は適用される。何故，外国人では不法滞在者に適用しないのか，その理由は必ずしも明らかではない。

滞在を許可するのは政府であり，許可しなければ不法になり，許可すれば合法になる。自ら不法滞在したい外国人はいないであろう。つまり，一方で政府が不法滞在外国人を作り出しつつ，社会保障から締め出していることになる。

被保険者期間・拠出期間

多くの社会保険制度に際しては，被保険者期間や拠出期間を課す場合が多い。この期間は国によって異なり，また，制度によって異なる場合もある。加入と同時に期間に無関係に受給権を認める国もある。悪用を避けるためにも特定の待機期間を設ける場合もある。

年金においては，被保険者期間を設定して当該期間を満たさないと受給権が認められない場合が多い。しかし，外国人の雇用契約は通常数年であり，長い期間を要件とする国では外国人は受給権を獲得することが困難となる。内外人平等待遇であっても，実際には外国人に差別的となる。数年間の保険拠出を強制され，雇用契約終了と同時に帰国すれば，年金給付にはあずかれずに保険料は掛捨てとなる。制度設計上の問題である。

3. 外国人への適用の諸問題

このような社会保障制度の適用条件によって，どのような問題が実際に外国人に起こっているのか，ここで整理していこう。

無適用

最も深刻で重大な問題は，外国人が何らかの理由によって社会保障制度から適用除外されることである。母国の社会保障も，現在居住している国の社会保障も適用されずに，何の保護も提供されない状況である。社会保障制度が現代社会においていかに重要な役割を担っているかは周知の事実である。老齢，障害，遺族，疾病，失業，職場災害，家族等のリスクに対応した保護が外国人は受けられなくなる可能性がある。

企業からの派遣社員と異なり，個人で海外に就労に行く場合は，相手国の社会保障が唯一の適用可能な社会保障制度となる。属地主義により本国の社会保障の資格は喪失することになるのが一般的である。移住した国の社会保障が何らかの条件によって適用されない場合，無保証の状況に陥る。

適用されない理由はいくらでも存在する。多くは，本来各国の社会保障が外国人を適用対象に想定していないためである。国籍，拠出期間，居住，送金等，不適用を正当化する法律が国内法にある。現在，居住している国の社会保障から除外され，本国の社会保障も適用されない移民は誰も保護してくれない。滞在資格を失えば，不法滞在者となり，さらに社会的な保護から遠ざけられてしまう。国際化の真の犠牲者はこうした移住者であろう。

二重適用と無適用

　国境を出た瞬間に社会保障の適用が困難になる。国籍のある国と別の国に滞在する場合，社会保障はどうなるのか。本国の社会保障が適用されるのか，現在居住する国の社会保障が適用されるのか。あるいは，両国の社会保障が二重に適用されるかもしれないし，両国の社会保障とも適用されずに無保証になる可能性もある。この問題を解決する国際的に拘束力のある法律は存在しない。

　こうした問題は，実際にはさらに複雑化する。多国籍化する企業の労働者は，二国間どころか多数の国々で労働している。年金のように長期間の拠出を前提とする社会保障制度では，どのように調整されるのか難しい問題となる。拠出はその都度強制されながらも，受給時は国外で申請すら認められないかもしれない。各国は国内法によって各国の国民を想定して法律を作り，運用をしている。状況が特殊な外国人は，国民と平等待遇であっても，結果として除外されてしまう可能性がある。何らかの受給要件を満たせないためである。

　多国籍企業の海外派遣社員の場合は，二重適用になる場合が多い。母国と出向先で強制適用される社会保障と二重加入となる。その際，企業と労働者は両国で保険料を負担する。本国の社会保障の適用を停止することも考えられるが，例えば家族が本国に居住していれば家族が社会保障を必要とする。また，老齢年金では被保険者期間が不足する可能性も出てくる。したがって，二重適用は自衛の手段となり，多くの企業において二重適用が慣習化されてきた。

掛捨て

　二重適用の状況の場合，社会保障給付を両国から受けられる場合もあるが，一方の国で受けられなくなる場合もある。多くの場合，短期の出向国の社会保障制度において，特定の受給要件を満たさないために，受給が認められなくなる場合である。折角，保険料を払っておきながら，給付に至らないのであるから，適用者からみれば掛捨てとなる。拠出は強制されて，給付は制限されれば，外国人の立場からすれば差別的な取扱いと感じられる。

　例えば，特定期間の拠出期間を受給要件と設定している場合，当初よりその

期間を下回る就労期間の雇用契約で年金受給権の確保に至らないことが明白であっても，強制加入させられる。同国民と平等待遇であると当該政府は主張するかもしれないが，外国人にとっては非合理な制度設計である。

▌運営上の問題

制度が適用されても，他にも多くの問題が残されている。第1に，海外から請求が認められるか，という問題がある。当該国内の管理組織の窓口対応に限定される場合も考えられる。本国に帰国済みの外国人は申請することが困難となろう。第2に，受給権は保持されるかという問題もある。多くの欧州諸国では，権利保持の原則があり，一度認められた権利はいつまでも維持できる。ところが，国によっては，申請期間を限定する場合もあろう。受給権を取得しても，実際の支給に至らない場合もあろう。

第3に，すでに本国に帰国している外国人の場合，社会保障給付は送金可能かが大きな問題となろう。送金が認められない場合は，受取りの方法が別途確保されなければならない。当該国に不在のまま銀行口座を維持できるかも，次の問題になろう。行政当局による送金がない場合の代替的な手段が見い出せない場合は，受給権は認めながらも実際の受給が不可能となってしまう。

さらに，より細かな技術的な問題もある。例えば，社会保障の給付額の算定にあたって，外国人は被保険者期間が短いことやその他の条件によって不利な条件に陥る可能性もある。直接外国人に対する差別的な措置ではなくても，実際には外国人に不利な結果となる場合もある。この場合，平等待遇ではなく，外国人への特別な配慮が必要になる。

4. 社会保障に求められる国際化対応

国内の社会保障から国境を越えた社会保障に展開するということは，これまでの社会保障の枠組みを単に地理的に，もしくは量的に延長させたものを意味しない。先進諸国を想定していた社会保障には存在しなかった対象も含め，まったく質的に異なる領域が広がっているものと考えるべきであろう。

社会保障の枠組みの再編

　社会保障の理論と実践は，これまで暗黙のうちに先進諸国を想定してきた。イギリスやドイツ，フランス，スウェーデン等の欧州諸国を中心に，アメリカやカナダ，オーストラリアやニュージーランド等の社会保障の研究に登場してくるのはほとんどが先進諸国であった。世界の国々を想定すれば，これらの国々は数の上では少数派の比較的恵まれた豊かな先進諸国である。そこでの基本的な枠組みが世界の他の国々に対しては必ずしも有効ではないと思われる。国際社会，特に開発途上国を想定する場合，この欧米社会を前提とした理論構築を一度解除し，今後の国際展開を踏まえて再構築していく必要性がある。

　例えば，ILOは社会保障を世界中の国々に普及させる際に，政・労・使の三者構成の審議会を構築することから始める。開発途上国を見ると，有力な経営者は存在しても，労働組合はなかなか存在しない。ILOは急造で組合代表を作ることから始め，三者が揃ったところで審議を始めるようだが，これは評価できない。労働組合法はおろか，労働者保護立法もなく，憲法で結社の自由すら保障されていない国で，労働組合がその本来の機能を果たせるはずがないことは，誰の目にも明らかである。三者構成の合議体という欧米社会の基本的な枠組みをはずしてしまうと，ILOの支援は先には進まないだろう。

　社会保障が，民主主義や国民の権利義務を保障する成熟した社会を前提条件とするのであれば，開発途上国はあと何十年待たなければならないことか。明日にでも餓死して死んでいく人がたくさんいる現状では，待っている時間などない。今すぐに福祉が必要である。欧米諸国が前提としない別の社会福祉の構築が必要であろう。

　世界規模で社会保障を検討する場合には，既存の社会保障論が扱ってきた対象では不十分である。多数の貧しい国々においては，これまで社会保障論で扱ってこなかった多くの社会問題が存在している。実は，そうした基本的な社会問題こそが，開発途上国にとっては最も重要な問題となっている場合が多い。

　教育の問題を挙げれば，開発途上国では教育の機会はすべての子供に保証されていない。学校にも行かずに識字教育も受けられずにいる子供が多い。文字

を知らない人に，社会保障の必要性を理解してもらうことは困難である。義務教育が当然の先進諸国と同じレベルでは論じられない。

国際社会福祉の対象

　国際社会福祉論において，開発途上国の社会福祉について研究が進められてきた。先進諸国の社会福祉では扱われてこなかったいろいろな分野も国際社会福祉においては必要不可欠な対象となる。以下のような対象が扱われている。

　スラム対策，住宅支援，路上生活者救援，ストリートチルドレンの救済，戦争犠牲者の保護，性差別の改善，女性の地位向上，教育機会の確保，人種差別や階級差別の撤廃，難民救済，宗教，言論，思想，表現，結社等の自由の確保，雇用開発，自然災害犠牲者救済，エネルギー確保，上下水道の整備，生活飲料水の確保，農業振興，家族計画，エイズ対策，麻薬対策，伝染病対策，予防接種の普及，売春・風俗産業対策，移民対策，公衆衛生，等々。

　これらの多くは先進諸国では議論に上らない当然のことであったり，法規制によってほぼあり得ない領域であったり，生活基盤に関してはすでに安定的に確保されている領域であったりで，結局のところ研究対象として扱われない領域である場合が多い。開発途上国の福祉を検討する場合，こうした基本的な領域が実は重要な福祉の領域となる。先進諸国の社会福祉論の対象を広げないと，世界の社会福祉は論じられないことになる。

国際比較から国際関係へ

　社会保障の領域でも国際比較研究が増えてきた。だが，多くが各国で完結したものであり，これまでの各国研究を合体させたに過ぎないと評さざるを得ない場合が多い。さらに，各国の事例の重みが違う。イギリスやアメリカがことのほかに大きく扱われる理由が理解できない。特定国が重く扱われるならば，その理由を明らかにすべきである。特定の国に重きを置くのは，すでに客観的な研究方法から逸脱している。

　他方，国際社会福祉の研究成果の多くは，フィリピンの社会福祉であったり，

タイの社会福祉であったり，バングラデッシュの社会福祉であったり，先進国の場合と同様に特定国の国内の社会福祉にとどまっているものが多い。そもそも，「タイの社会福祉」や「フィリピンの社会福祉」はそれぞれの国では，一般的な「社会福祉」のはずであるが，これを日本で論じるだけで「国際社会福祉論」になるというのは不思議な話である。

　一般的な「社会福祉論」が欧米先進諸国の社会福祉に該当し，開発途上国の社会福祉が「国際社会福祉論」に該当するような構図が自然にできあがっている。つまり，欧米先進諸国の社会福祉が，すでに社会福祉のスタンダードな規範となって認知されている。真の社会福祉論，国際社会福祉論を構想する場合，この基本構造を再編成する必要がある。先進諸国の社会福祉は国際社会福祉の一部を構成する位置づけにすべきである。他方，開発途上国の社会福祉は，一般的な社会福祉論の中に統合されていくべきである。特定の価値観に偏向しない，より普遍的な研究をめざすべきである。

　ここで強調したいのは，国家という枠をも超越した社会福祉のアプローチである。今，求められている新たな展開は，国境に捉われない社会福祉，さらに，開発途上国や先進諸国も含め，世界の国々一般に通用する普遍的な展開である。

　政治学で言えば，「日本の政治」があり，「アメリカの政治」がある。そして，他方で，「日米関係論」がある。「日米関係論」は「日本の政治」の一部と「アメリカの政治」の一部を合体させたものではない。まったく別の新たな領域となる。国際関係には，各国の政治の足し算では済まない次元が存在している。そんな力学が作用する領域である。同様なことは社会福祉や社会保障においても適用できると思われる。21世紀の社会保障の研究としては，各国の社会保障の相互関係を追求していかなければならない。

　各国ともすでに多くの場面で国際社会の影響を受けており，国内問題への対応にしても国内ですべて完結しているわけではない。近年の改革論議においても，他の各国の経験を検討し，自国ではどの国の政策を採用するか決定していく。日本の社会福祉や社会保障制度を見ても，多くの国々の事例が取り入れら

れてきた。国内政策の決定の過程において，すでに国際社会の影響は大きい。

　世界同時不況で，前提とする経済や社会の情勢が世界的に共通する部分が多くなってきていることも忘れてはならない。実際に，近年の各国の社会福祉や社会保障の改革を概観しても，大きな世界的な潮流に沿って動いていることが確認できる。例えば，規制緩和，市場主義化，民営化，そして，グローバル化等である。細かな政策は違っても，同じ方向に進んでいることは認識できよう。社会保障研究における国際関係論の開拓が今後の一つの方向であろう。

▍国際機関の政策展開

　国境を越える福祉から，さらに一歩進んで国家に捉われない国際社会からの視点も必要となる。世界を一つの単位として，社会保障の国際的な普及，調整，統合をめざす政策が展開されるべきである。すでに，国際機関はこの視点から活動してきた。

　ILO や EU，欧州評議会等は，国際的な社会保障政策を展開している。国際機関が行う政策は，まさに国境を越えた政策である。それぞれ組織の目的や構造等が違うので簡単に比較できないが，こうした政策展開が実際に機能していることを改めて認識すべきである。

　しかし，ILO や EU 自体は独自の社会保障制度を持っているわけではない。結局は各国に社会保障制度の普及を誘導し，導入した際には国際基準に沿うように調整しているだけである。各種国連機関や NPO 団体等が国際支援活動を行っており，その中に福祉的な支援も含まれている。しかし，量的にはごく限られたものである。国連に拠出し，NPO に補助金を与えているのは各国政府である。国家という枠組みはやはり国際社会においても決定的である。

　他方，各国は ODA において独自に開発途上国の支援活動を展開している。絶対的な量としては，極めて限定的な効果しかあげられないであろう。また，支援をする先進国側は人口が減少し，支援を受ける側は人口が増加している状況は，将来に不安を抱かせるものである。各国は国益を考えて政治的，あるいは経済的な理由から ODA を利用している側面が強く，世界を一つの単位とし

て世界の厚生の向上を目標としていない場合もある。

　広く世界を対象とした政策展開をしている機関にとっては，国境を越えた活動が当然になっている。国連のような公的国際機関だけではない。多様な NGO, NPO 団体が世界的な活動を展開している。各団体は独自の目的を掲げ，独自の財源を持ち，独自の方法で活動を展開している。中立の立場を強調し，政府と連携しない場合もある。公的な機関が入り込めない草の根支援を展開するユニークな団体もある。まさに，国境に捉われない活動である。

　国際連合をはじめ公的国際機関は，それぞれの世界的な政策展開に際して各種国際基準や勧告，宣言等を発してきた。これらの法的文書は規範としては意味あるものであるが，実際の効力には限界がある。また，世界的な規制緩和の潮流に直面して，これらの政策がその意義を弱めつつあることも認められる。

　世界中により良い福祉社会を普及させようと努力しても，その効果は必ずしもあがっていない。先進諸国を想定した高い基準を掲げれば，開発途上国はこれに参画できなくなる。開発途上国でもクリアできるような緩やかな基準では，先進諸国にとっては意味がなくなる場合もある。ILO に関しても，これまでは開発途上国の利益に貢献していないとの批判も強かった[3]。

5. 小　括

　国内の外国人への社会保障の適用に際して，国民との平等待遇が基本原則となる。多くの先進諸国において，国籍による社会制度の適用制限は排除されている。ただし，公的扶助等は合法的な市民に適用が制限されている場合がある。逆に，外国人への特別な対応を展開している場合がある。そこには国民とは異なるニーズが存在するためである。

　国際社会保障協定にしても，EPA による人材移動にしても，各国の国益を反映している。産業界がこれを強く望んでいる。社会保障協定によって企業は社会拠出を大幅に削減することができるし，移住を認め EPA を締結することで産業界は海外での貿易の利益を高めることができる。産業界が要望し，政府が動けば，政策は自然に進む。福祉業界が反発しても，もはや止められない段

階に達している。

　「国境を越える社会保障」の最高の実践事例は，EU である。各国の自治を尊重しながら，域内の加盟国間の社会保障の領域において広く連携している。場合に応じては，EU 法に基づいて各国は規則を遵守しなければならない。国内法では合法でも，EU 法に抵触すれば上位法として EU 法が優先され，各国は強制的に拘束される。この最高のモデルを参考にして，今後は世界中の他の地域での実践活用が期待される。

　最後に，一連の国境を越える社会保障は開発途上国にどのような影響を及ぼすであろうか。先進諸国との関係がより深まっている。先進諸国により多くの労働者が受入れられ，平等な取扱いを受け，福祉や医療等のサービスも受けられ，就労中は本国の家族に送金するかもしれない。就労後もし本国に帰る場合も，本国の発展に貢献する人材となるであろう。先進国と開発途上国の間の格差を縮小させることに貢献するであろう。つまり，国境を越える社会保障は，開発途上国への国際支援の役割も果たすと考えられる。

【注】

（1）浦田秀次郎・日本経済研究センター編『日本の FTA 戦略』日本経済新聞社，2005 年に詳しい。
（2）OECD/WHO 著，岡・坂間訳『開発途上国における貧困と保健』学文社，2005 年を参照されたい。
（3）Somavia, J., "People's Security: Globalizing Social Progress", ILO, 1999.

第3章
社会保障の外国人への適用

　社会保障におけるグローバル化対応の基本は，各国の国内社会保障法における取組みである。各国政府が外国人に対して，社会保障制度をどのように運用しているかが，大きな問題となる。国際社会の影響度は国によって異なる。経済的に自立している国と貿易に依存する国とでも状況がかなり異なる。外国人が比較的多い国と少ない国とでは，政府対応へのニーズも異なるであろう。ここでは，主要先進諸国において国内の社会保障制度がいかに外国人を扱っているか，明らかにしていこう。

第1節　諸外国における外国人の社会保障

　諸外国の社会保障における取扱いを紹介していこう。多くの先進諸国では，外国人にも国民と平等に社会保障が適用されている。ただし，ここでは外国人が合法的に滞在していることが前提となる。合法的に滞在する外国人が当該国の社会保障でどのように扱われているかがまず重要となる。他方，不法滞在の外国人への適用については，対応は必ずしも一様ではない。不法でも基本的人権を認め，外国人にも適用する場合もあれば，非合法外国人には社会保障制度を一切適用しない国も多い。不法滞在外国人をめぐっては，もはや社会保障制度の範疇を越え，各国の移民政策一般とも関連してくる。

1. 全般的な状況
　各国の事例を議論する前に，全般的な状況を概観してみよう。このテーマは

主として先進諸国の議論が中心になる。社会保障制度自体が十分に発展していない開発途上国においては，外国人以前に国民の社会保障も十分ではない。国民にも社会保障制度が十分適用されない国においては，外国人に適用される可能性は低い。制度自体がまったく存在しない場合は議論の対象にもならない。特定の社会保障制度があっても，国民のごく一部の特権階級のみに適用する場合も外国人への適用は例外的にしか考えられない。本テーマが議論される前提条件としては，市民のすべてに適用される社会保障を運営する国々となる。

先進諸国の社会保障を想定する場合，内外人の平等待遇原則がどの程度徹底されているかが問題になる。外国人にも国民と平等に社会保障制度が適用されていれば，問題はない。想定される大きな問題は，国籍条項である。国によって，制度によって，国籍条項を設定している場合がまだ存在している。当該国民でないというだけで，社会保障制度の適用が認められないのである。

ほとんどの先進諸国においては，国籍条項は廃止されている。だが，まだ一部の国において，あるいは同じ国であっても特定の制度において，国籍を条件に課している場合がある。社会保険制度に関しては，雇用契約と同時に自動的に社会保険料も徴収され，外国人も適用を受けるのが一般的である。公的扶助等に関しては外国人への適用が制限されている国がある。社会保険では民間保険と同様に，保険料を払うことで被保険者の権利性が明確になる。この権利を排除する論拠はない。受給権を排除するなら保険料も受取らないようにすべきであろう。保険料のみ徴収して，給付を認めないのは詐欺的な行為にもなろう。しかも政府が公権力を使って拠出を強制する場合は，国家の威信にもかかわる。

日本もこの事例に該当する。公的扶助は税金に基づいて運用されているが，外国人は課税の面では国民と平等に処遇されている。何故，公的扶助の受給権が認められないのか，理由が明らかでない。保険制度に比べて，税金に基づく公的扶助制度は対象者の権利性が弱く，国家の裁量下に置かれがちである。だが，世界的に見て，外国人に対しても社会保障制度は公的扶助も含めて国民と平等に適用させる方向に動いている。

外国人への社会保障の適用に関して大きな論点になるのは，不法滞在者の場合である。「外国人」と言っても，いろいろな状況がある。移民二世や三世で，生まれながらにして当該国民と変わりないが，国籍取得がなければいつまでたっても外国人である。政府が帰化を認めない場合もあるし，本人がアイデンティティーを持ち帰化申請しない場合等いろいろあろう。現在の在留資格として，合法な外国人は上述のとおり平等な待遇が認められる傾向にあるが，非合法な外国人に対しては社会保障を適用しない国が依然として多い。国によっては，また，制度によっては，不法滞在の外国人にも在留資格にかかわらず制度適用を認めている国もある。

　合法か非合法かということは在留資格のことであり，移民法や入国管理法等の法律によって外国人の地位や身分が規定される。社会保障の受給権はこれとは異なる法律によって規定されるものであり，在留資格によって受給権が影響されることはないという理解の国々もある。他方，国によって両者を微妙に連携させて外国人管理を行う国もある。つまり，不法滞在外国人であることがわかれば，その段階で社会保障の適用は認められないし，資格を失うように設定され，国外追放される可能性もある。

　最後に，平等待遇であっても，条件によって外国人に対して差別的な措置となることもある。外国人の場合，滞在期間が短いこと，拠出期間が短いこと，帰国によって居住条件がないこと等々，国民とは違う状況であるため，国民と等しい条件であっても実質的には外国人が排除される可能性もある。これらは「間接的な差別」と称される。この問題の解決のためには，外国人に特別な配慮を制度化する必要がある。

2. 各制度の外国人への適用状況

　外国人への社会保障制度の適用は，制度による対応の違いが大きい。また，各制度の基本構造によっても異なってくる。所得保障としての社会保険制度は，国によっては一つの制度に統合している国もある。イギリスの国民保険がこれに該当する。この場合，異なる社会保険への加入が一本化されている。し

たがって，外国人への適用に際しても，制度ごとの適用条件はない。すべての社会保険に加入するか，すべての制度から除外されるかのどちらかになる。

労災補償保険

　労災補償保険は外国人にとって最も差別なくアクセスしやすい制度と思われる。その理由として次のことが考えられる。第1に，労災補償は一般に労働者の拠出を求めず使用者の全額負担であること。第2に，労災補償は一般に個別の人に対して適用されるのではなくて，事業所が適用対象となり，強制適用事業所で労働する者は雇用形態に関わらずに適用すること。第3に，したがって労災は個人ごとに手続きする必要がなく外国人でも自動的に適用対象に含まれること。第4に，一般に外国人は労災事故の発生率が一般国民よりも高く企業も本人も労災の適用を望むこと。

　不法滞在外国人であっても受給権が認められやすい。特に，国民では人手が不足するような業種や職種に外国人が多く入っている場合も見られる。また，外国人はコミュニケーションギャップもあり，危険が増している状況にある。労災の外国人への適用の必要性が強調される。

医療サービス

　医療サービスも国によって運営方法が著しく異なる。北欧諸国のように国営医療サービスを展開する場合，外国人にのみ適用しないという選択肢は考えられない。税方式に基づいて医療を全額無料で提供している国々もある。外国人の場合も，同様に無料でサービスを受けられることが多いと思われる。健康保険のように社会保険方式を採用している国と異なり，税方式では特定の手続きや拠出条件もなく，国籍に関係なく適用が可能となるのが一般的である。

　社会保険方式を採用する場合，病気の外国人を排除する論理は考えにくい。医療供給体制を持ちながら，外国人を見捨てるような対応は一般には認めがたい。しかし，国民であっても健康保険に加入していなければ，健康保険が適用しないことになる。外国人も国民と同様に加入義務がありながら，何らかの理

由によって加入していなかったら外国人本人の不備ということになり、健康保険は適用にならないだろう。これは外国人の差別ではなく、国民と同様の措置に従うことになる。また、この場合、健康保険以外の医療扶助の制度が適用になるかは、別問題となる。

社会保険方式の健康保険制度でもう一つの問題は、不法滞在外国人が健康保険の適用を受けられるか、という問題である。申請に際して不法滞在者であることが発覚すれば、本国送還になる可能性もある。社会保障の窓口業務を行う部局に入管への通報義務はなく、社会保障業務は独立して運営されるため、不法滞在外国人にも社会保障を適用する場合もある。

年金制度

年金制度は外国人への適用が最も難しい制度であろう。年金は加入から受給まで長期にわたって関係する制度だからである。他の多くの社会保障制度は、滞在期間中のみ関係するか、少なくとも短期間に関係する場合が多い。年金でまず問題になるのが、属地主義である。過去に当該国で就労した経験のある者が、本国に帰国して老後を迎える場合に、当該国での年金権がどう扱われるか、いくつかの障害がある。

第1に、そもそも受給権が外国人に認められているか。第2に、当該国での年金権は将来にわたって維持され、保護されているか。年金権請求に期限はないか。第3に、外国居住者に請求権があるか。居住要件はないか。第4に、海外への送金が認められるか。第5に、資格要件としての被保険者期間や拠出期間の認定に際して、合算措置があるか。他にもいろいろな障害があろう。

まず、当該国の年金受給権に関する規定が大切になる。数年の就労しかない外国人が適用と受給に際してどのような規定に従うのか。被保険者期間（あるいは、拠出期間）が何年で受給権を満たせるのか。短期滞在が多い外国人の場合、受給要件を満たせない場合の対応措置はあるか。例えば、被保険者期間を求めない国もあるし、長い期間を要件とする国もある。年金権はいつまでも保持される国が多いが、特定期間に限定する国もある。居住要件がある国ない国もあ

る。送金は原則として認めない国もあれば，送金してくれる国もある。このように各国の国内法によって運用はかなり異なってくる。

▌失業保険

　一般的には，雇用契約を持つ外国人が労働許可を認められ合法的に滞在するため，失業するリスクはないはずである。雇用保険は特定の条件下ですべての正規従業員に適用される。しかし，企業が倒産することもあろう。外国人でも解雇され，失業するリスクはある。日本人以上に高いリスクとなろう。しかし，雇用契約が終了すれば，今度は在留資格も喪失してしまう場合が多いだろう。一般的には，雇用契約が滞在資格の前提になる。したがって，滞在を希望しても，雇用契約期間が終了すれば，帰国を余儀なくされる。何らかの理由で帰国できない場合は，不法滞在となってしまう。

　実際には，数年の雇用契約で合法的に入国した外国人も，長期の滞在を希望する場合が多い。したがって，失業というリスクは外国人にとっては重要であり，失業保険の適用が望まれる。だが，失業が明らかになれば，在留資格の喪失につながり，それでも滞在すれば不法滞在になってしまう。その後に雇用機会が見つかっても，正規の雇用となるとそれによって不法滞在者であることが発覚してしまい，国外退去を求められるかもしれない。企業も不法滞在外国人を雇用すれば入管法違反で処罰の対象となるかもしれない。

　多くの国々では，社会保険の一環として，失業保険制度も他の社会保険制度と同時に適用されるだろう。だが，実際には，外国人にとって失業保険は利用が難しい制度であろう。短期の滞在で数カ月の所得保障しか見込まれない場合は，加入のメリットは小さい。

▌家族給付

　家族給付は，外国人労働者であっても当然ながら当該国民と同様に適用される。実際に，外国人の家族給付で問題になるのは，外国に居住する子供への適用である。一般的には，親が合法的に当該国で就労している限り，子供が外国

に居住していても経済的に扶養しているものとみなし，適用が認められる。

　この件に関して，フランスは家族給付が世界でも最も充実した国の一つであるが，多くの移民を抱え，移民への家族給付が大きな負担となり，フランスの富が家族給付の名目でアフリカに流出していることに国内の批判が高まり，海外適用を一方的に停止したことがあった。しかし，後にEUの法廷は，こうしたフランスの措置が違法であることを決定した。

公的扶助

　公的扶助においては，社会保険以上に外国人が適用除外される可能性が高い。公的扶助の場合は，基本的には税金によって賄われており，権利性が弱くなっている。外国人も課税されるが，公的扶助対象者は恐らく税金はあまり負担していないと想定される。

　移民は当該国に労働や税等で国益に貢献すると想定して受入れが認められる傾向にあった。逆に，税金を使って外国人を保護するのでは国益に反するため受入れがたくなる。したがって，アメリカやイギリスのように，移民管理の手段として社会保障情報も活用されている国々もある。

　公的扶助といっても，国によって多様な制度が運営されている。最低生活を保障する制度だけでなく，失業扶助，家族扶助，医療扶助，介護扶助等々各国独自の構成が認められる。国によっては，すべての公的扶助制度から外国人を除外しているのではなく，一部の特定制度のみ対象に含まれないとする場合もあろう。各国独自の制度の運用については，国際的な基準やルールも存在しない。国内法に従うのみである。

3. 各国の状況

　社会保障の国際比較研究は，かなりの程度蓄積されてきた。しかし，本書のテーマである外国人への適用に関しては詳しい記述は少ない。限られた資料から，概略を紹介していこう。

〔ドイツ〕

　ドイツは英仏のように広大な海外の植民地を持っていなかったが，第二次世界大戦後の高度経済成長期に国内の労働力不足を背景にして大量の移民を主にトルコから受入れた。また，EUの発展に即して，加盟国からの自由な労働移動を認め受入れている。また，東西ドイツの統一は労働市場の激変を伴い，労働市場の二重構造となった。

　合法的に滞在する外国人は，医療保険，年金，失業保険，労災保険を含む社会保険が強制的に適用される。ただし，ドイツでは，次の3つの条件下の僅少労働者には適用されない。これらの規定は外国人に限らず，ドイツ人も同様である[1]。

① 労働時間が週15時間未満で，報酬が平均報酬額の7分の1以下の場合
② 就労期間が1年間に2カ月以下の短期就労者
③ 海外の雇用を継続したままドイツに派遣された場合

　公的扶助については，外国人に対して若干制限が加えられる。基本的な最低生活の保証を行う生計扶助については，外国人と国民は対等であるが，もう一つの特別扶助においては外国人への適用は医療扶助，妊産婦扶助，介護扶助に限定され，その他の特別扶助は適用されない。児童手当や育児手当も外国人にも平等に適用されるが，正規の滞在許可，労働許可を所持する合法的な外国人であることが条件とされている。ここでは，ドイツの社会扶助を目的に入国してくる外国人を排除しようとする意図がある[2]。

〔フランス〕

　フランスは古くからイタリアやスペインをはじめ南ヨーロッパからの移民が多かった。第二次大戦前後は，旧植民地からの移民が増えた。特に，地中海を挟んだアフリカ北岸のアルジェリアやチュニジア等からの移民が多数を占めた。戦後の経済成長期には受入れも拡大した。

　フランスも社会保障制度の適用に関しては，外国人もフランス人も平等な待

遇を原則としている。つまり，外国人も含めすべての被用者は社会保険制度への加入と拠出を義務付けられる。ただし，協定のある国の場合は例外である。

公的扶助の一部の制度は国籍を前提として適用される。無拠出の老齢扶助，母親給付は国籍と居住を受給要件に設定している。公的扶助は厳格なフランス滞在を条件とする。合法的な滞在外国人のみが適用対象となる。医療扶助については，給付によって居住要件が設けられている。

また，フランスでは不法外国人であっても，社会保険は適用可能である。ただし，その場合，企業が不法滞在者を雇用したと判断され，当該外国人への社会保障給付金額をその企業が国に返還することが義務付けられている[3]。

フランス政府は，国外のフランス人に対して在外大使館や領事館が窓口となって国内と同様に各種社会扶助制度を適用させている。ただし，海外に永住することを決めたフランス人は当該国の社会保障に委ねることになる。また，難民や二国間協定のある外国人該当者も同様に，フランスの社会扶助制度をフランス人と平等に受けることが認められている[4]。

〔イギリス〕

イギリスは古くはアイリッシュ，ユダヤ系移民が多かったが，戦後はカリブ海諸国や西アジア諸国をはじめ世界中の移民が入国してきた。旧大英帝国の経緯もあり，多様な外国人がいるため国籍法に従って外国人の地位について区別して厳格に管理してきた[5]。イギリスの社会保険の所得保障制度においては，次の条件が設定されている。

① 通常イギリスに居住していること
② 一般に16歳以上であること
③ 現在，フルタイムの教育を受けていないこと
④ 本人と配偶者が8,000ポンド以上の財産を所持していないこと
⑤ 本人と配偶者の両者がフルタイム（週16時間以上）の職業に従事していないこと

⑥　就労可能な状況で失業保険事務所に登録しているか，登録の義務がない申請者であること

　イギリスでは，労働期間中は外国人も平等に扱うが，就労不能になると国外退去を求める政策がとられている。イギリスに貢献しない外国人は面倒みない立場をはっきり示している。イギリスの行政では，社会保障省と内務省（法務省）が緊密に連携している。社会保障要件と居住要件が関連しており，滞在資格に影響を及ぼす恐れがあることから社会保障給付を申請できない外国人もいるようである[6]。

〔イタリア〕

　古くはイタリアは欧州にあっては移民送出国であった。ところが，1980年代以降，地中海対岸のアフリカ諸国から，そして，アジアからの移民が増えた。イタリアは移民に関するILO条約97号，143号を批准し，社会保障制度に関しては内外人の平等待遇を徹底している。ただし，合法的な滞在であること，居住していること，労働者とその家族であることが条件とされている。

　年金に関しては多くの国々と協定を結んでおり，それぞれの協定の内容に従う。外国人は帰国時に受給権を保持し，給付を受けることができる。最低年金を補完する給付も外国人に等しく認められる。

　労災，失業保険，家族手当も同様に外国人に平等に適用される。これらの制度に関しては，現在の合法的な雇用関係があれば受給権が付与される。医療サービスは，規定が複雑である。イタリアは国民保健サービスを導入している。まず，疾病手当の受給資格の付与に際して，特定の拠出期間が条件となっている。期間は職域によって異なる。医療サービスは，合法的な外国人に適用が限定される。国民保健サービスに登録されていない外国人は，全額自己負担となる。緊急医療は公的保障の対象になる。外国人の医療で本人から医療費が回収されなかった場合は，政府が病院の請求に応じて支弁する。また，イタリアは州法に委ねる部分も大きく，外国人の細かな取扱いも州によって異なる。

社会扶助制度は，国籍条項に従い，イタリア人に適用が限定されている。ただし，例外的に適用が認められる場合がある。国際協定が適用される場合，難民，EU「規則」適用の場合，等である。社会援助サービスは，州の管轄下に置かれる。通常，合法的な居住者がサービスの提供を受けられる[7]。

2008年のベルルスコーニ内閣以降は，移民への規制が強化されている。滞在許可のない不法外国人も医療サービス等の権利は認められてきた。しかし，近年，不法難民の受入れ数は激減している。合法な移民に関しては市町村が中心になり，各種民間支援団体も活動し，同化支援を行っている[8]。

〔アメリカ〕

言うまでもなく，アメリカは移民立国である。世界中から多くの移民が押し掛けている。アメリカでは，移民法に従って外国人を分類化し，その区分に応じて社会保障の適用も決まってくる。合法永住者と難民はすべての社会保障制度の適用が無条件で認められるが，それ以外の場合は適用には条件が設けられている。非移民，不法滞在者はすべての社会保障制度の適用から除外される。それ以外のカテゴリーの移民は，制度によって適用が異なる。

1996年の個人責任・就労機会調整法によって，非合法な外国人は社会福祉を含む各種社会サービスの適用が原則として禁止された。公的扶助やフードスタンプ制度は非合法外国人滞在者に適用されなくなった。貧困者の医療扶助であるメディケイドと貧困家庭一時扶助制度の適用は州の裁量権のもとに置かれているが，不法滞在者，亡命者，一時保護者には適用されないことが一般的である[9]。非合法の外国人への対応は，今後も議論が続けられるであろう。

アメリカもイギリス同様に，社会保障における取扱いと移民管理が一体化している。アメリカ国内で公的扶助を受けた経歴があると，帰化や永住権，入国審査等において，許可申請を認めない理由になる。逆に，公的扶助のような公的な保護の適用にならないような移民を認めていく方針である。

さらに，2010年にはアリゾナ州で不法移民の摘発を目的とした移民法が成立した。合法的な滞在が証明できない移民は，即時逮捕される権限が警察当局

に与えられた。フロリダ州やその他の州でも同様の州法が準備されており、社会保障や社会福祉の領域に限らず、移民規制はさらに強化されつつある[10]。

アメリカでは、海外に暮らすアメリカ人のために社会保険庁は社会保険の各種事務サービスを行っている。アメリカ人の多いカナダ、英国バージンアイランド、サモアには出張所を開設し、その他35カ国にはアメリカ大使館に社会保険専門官を派遣し、国内とほぼ同様のサービスを提供している。英語以外のフランス語、ドイツ語、ギリシャ語、イタリア語、スペイン語でパンフレットを発行して提供している[11]。

〔オランダ〕

オランダは小国であるが、貿易立国であり伝統的に開放経済の国である。人の受入れに関しても、寛大な政策が展開されてきた。多様な国々からの移民を受入れてきたが、特にトルコとモロッコからの移民が多数を占める。また、アムステルダム、ロッテルダム、ハーグ、ユトレヒトの4大都市に集中しているのも特徴である[12]。また、オランダ国籍を認められた外国人も多数に上る。

社会保障政策については、定住外国人に対して統合政策を進めている。国民と同様に社会保障を適用させていく原則である。外国人にも選挙において国民と同様の権利を認められている。社会保障制度においては、国籍は資格要件とされていない。トルコ、モロッコ等の主要な外国人送出国とは二国間で社会保障協定を締結している。したがって、相手国によって若干社会保障の適用方法が異なるが、基本的には合法的な外国人であれば、社会保障は平等に適用される。

他方、社会福祉サービスを外国人一般にも開放している。特に、地域福祉計画において外国人への積極的な適用を計画的に実施してきた[13]。また、本国に帰国する外国人への補助も充実している。特に高齢の帰国者への所得保障を制度化している。

4. 小 括

各国とも外国人への対応に関しては、内外人平等待遇が進んでいる。社会保

険制度に関しては,ほとんど外国人への不平等な措置は見られなくなりつつある。残される問題の一つは,滞在資格との関係である。不法滞在外国人をどのように扱うかが議論になる。不法滞在者は社会保障の権利,特に公的扶助制度や社会扶助制度の権利が認められなくなる場合も少なくない。

また,ここでも制度ごとに相違がある。社会保険では保険原則を重視する立場から不法滞在外国人でも保険給付を認める場合が多いのに対して,税金で賄われる公的扶助等においては給付を認めない場合がより多いようである。これにはいくつかの理由が考えられる。社会保険の場合,運営は保険者である独立した組織に委ねられることが多い。そこでは,国が保険者として直接社会保障制度の管理・運営に携わらない場合もある。また,国の行政機関として他の領域の政策とは必ずしも連携していない場合もある。他方,国が直接負担し,管理する公的扶助等においては,移民政策と連携しやすいことが指摘できよう。

【注】
(1) 土田武史「ドイツ」日本労働研究機構『欧米諸国における外国人等への社会保障の適用』1995年,23頁。
(2) 木下秀雄「外国人と生活保護」『週刊社会保障』No.1724,1993年,22-25頁。
(3) 藤井良治「フランス」,日本労働研究機構『前掲書』1995年,23頁。
(4) 拙稿「社会福祉の国際化」仲村優一・一番ヶ瀬康子編『世界の社会福祉フランス・イタリア』旬報社,1999年,166-174頁。
(5) 高野和良「イギリス」日本労働研究機構『前掲書』1995年,65-66頁。
(6) 同上書,68頁。
(7) 小島晴洋「イタリア」日本労働研究機構『前掲書』1995年,107頁。
(8) 田中夏子「イタリア」萩原康夫他編『世界の社会福祉年鑑2010年』旬報社,2010年,110-113頁。
(9) 堀勝洋「アメリカ」日本労働研究機構『前掲書』1995年,23頁。
(10) 後藤玲子・阿部彩「アメリカの社会福祉」萩原康夫他編『世界の社会福祉年鑑2010年』旬報社,2010年,166頁。
(11) 同上書,180頁。
(12) 下平好博「オランダの移民労働者と社会的統合政策」社会保障研究所編『外国人労働者と社会保障』東京大学出版会,1991年,217-255頁。
(13) 廣瀬真理子「移民の定住化と社会保障政策」『海外社会保障情報』No.106,1994年。

第2節　日本における外国人の社会保障

　諸外国の状況に続いて，今度は日本の事例を取り上げたい。議論の材料として客観的な情報を整理したい。日本在住の外国人に対して日本の社会保障がどのように適用され，運用されているのかを明らかにする。ここでは日本の社会保障を制度別に具体的に検討していこう[1]。

1．社会保障制度の外国人への適用
厚生年金
　年金においては，現在は国籍要件も居住要件もない。常時5人以上の従業員を使用する事業所で使用される者が強制適用の対象となる。一般の民間適用事業所で働く外国人は，厚生年金が適用される。厚生年金に加入すると，同時に国民年金にも加入することになるのは日本人一般と同様である。さらに，配偶者がいれば，第3号被保険者として配偶者も国民年金に加入することになる。

　不法滞在者を適用除外する規定はない。厚生年金は不法滞在外国人にも適用される可能性はある。しかし，実際には不法滞在外国人は適用申請をしないのが一般的である。不法滞在外国人を雇用する企業が処罰の対象となる可能性もあり，本人は法務省入管局に通告されて本国へ強制送還の可能性もあるためである。通常，年金と健康保険は同時加入となることが一般的であり，不法滞在外国人は厚生年金も健康保険も適用から除外されることが多い。

　厚生年金に加入した外国人は，25年間の被保険者期間を満たすことは難しい。通常，雇用契約は数年であり，外国人にとっては当初よりほぼ不可能な条件となる。にもかかわらず強制適用を受け，保険料を日本人同様に徴収される。本国で65歳を迎える時に日本に年金を請求することはできないし，送金も不可能である。近年，ようやく脱退一時金での清算が認められるようになったが，その額は支払った保険料のごく一部である。つまり，当初より間違いなく損する年金に無理やり加入させられるのである。

国民年金

　以前は国籍条項があり,外国人は適用対象から除外されていた。国民健康保険と同様に,1981年の難民条約に批准することで,国籍条項が撤廃された。国民年金法の第1条では「国民年金制度は,日本国憲法第25条第2項に規定する理念に基づき,老齢,障害,または死亡によって国民生活の安定が損なわれることを国民の共同連帯によって防止し,もって健全な国民生活の維持及び向上に寄与することを目的とする」と規定している。生活保護法と同様に「国民」を強調しているが,実際には外国人にも適用されている。ただし,不法滞在外国人は居住要件を欠くものとみなされ,適用から除外される。年金給付の支給に関しては,国民年金も厚生年金とほぼ同様である。

健康保険

　現状では,健康保険制度においては適用対象に国籍条項はない。したがって,外国人も日本人と同様に健康保険が適用される。常時5人以上の従業員を使用する事業所に雇用される者が健康保険の適用を受ける。外国人が雇用される事業所が健康保険の適用事業所であれば,常用雇用であれば自動的に健康保険の強制適用を受ける。

　不法滞在の外国人を排除する規則はなく,職場で健康保険の適用を受ける可能性はある。しかし,不法滞在者を雇用すると事業主が処罰対象となるため,実際には不法滞在者に健康保険が適用されるのは例外的であろう。むしろ,悪徳事業所は外国人に社会保険を適用させないことで低コスト化をはかる可能性がある。実際には,合法的な滞在者で正規に雇用されている外国人でも,健康保険の適用を受けていない外国人がかなり存在すると言われる。また,臨時雇用や,季節雇用等は健康保険の適用除外となるが,外国人もこの場合に該当することも多いと推測される。

国民健康保険

　かつて国民健康保険は国籍条項があり,例外を除いて外国人は適用除外され

ていた。1981年に日本政府が難民条約を批准するに際して、1986年に国民健康保険は外国人へも適用を拡大した。外国人登録を行った外国人で、滞在期間がおおむね1年以上の場合に、適用が認められる。

国民健康保険法では、第2条で「国民健康保険は、被保険者の疾病、負傷、出産または死亡に関して必要な保険給付をおこなうものとする」とだけ述べ、その「被保険者」については、第5条で「市町村又は特別区の区域内に住所を有する者は、当該市町村が行う国民健康保険の被保険者とする」と規定している。外国人も当然含まれることになる。

労災保険

労災は従業員を1人でも雇用する事業所に強制適用される。労災は人にではなく、事業所に適用され、国籍や就業形態に関係なく適用される。したがって、外国人も当然適用の対象に含まれる。社会保険の中では最も国際化対応している制度ともいえる。さらに、労災は不法滞在の外国人にも適用された事例がある。

雇用保険

労働者を雇用する事業所が適用事業所となり、その事業所で雇用される労働者が被保険者となる。ただし、65歳以上者、短時間労働者、日雇い労働者、季節労働者、船員、公務員は適用を除外される。外国人を国籍によって除外する規定はない。

本来は雇用契約を持つ外国人が合法的に日本で就労し、雇用が終了すれば帰国するはずであるため、失業は発生しないことになる。しかし、現実には雇用契約が終了しても多くの外国人は滞在を継続したいと考え、雇用継続や再雇用の可能性を追求する。それがかなわなければ、不法滞在になることも十分あり得る。したがって、実際には失業というリスクは存在し、失業保険が必要とも思われるが、不法滞在者の場合は本人も企業も雇用保険の適用は申請しないであろう。不法滞在が明らかになれば、強制送還になる可能性があり、企業も処罰の恐れがある。

介護保険

市町村の区域内に居住する65歳以上の者が第1号，40歳以上65歳未満の者が第2号被保険者となると規定されている（介護保険法9条）。ここで居住とは，外国人登録法に従って登録している者で，在留期間が1年以上である者を対象とする。ただし，不法滞在者は適用除外とされる。

一般的な外国人労働者を想定すれば，比較的若い層が多く，65歳以後に受給権が認められる介護サービスを受けられるまで滞在することは想定しにくい。退職後本国に戻る人も多いだろうが，本国では日本のサービスは提供されない。それにもかかわらず，外国人労働者が40歳を過ぎていれば，適用を受けて保険料も自動的に徴収されてしまうことになる可能性が高い。

生活保護

生活保護法は「日本国憲法に規定する理念に基き，国が生活に困窮するすべての国民に対し，その困窮の程度に応じ，必要な保護を行い，その最低限度の生活を保障するとともに，その自立を助長することを目的とする（第1条）。」そして，「すべて国民は，この法律の定める要件を満たす限り，この法律による保護を，無差別平等に受けることができる（第2条）。」と記している。つまり，日本国民でない外国人は生活保護の権利が認められないことになる。

だが，後述のように，実際には緊急に必要とみなされる場合には，行政措置により日本人と同様に外国人にも生活保護が適用できると解釈され，実際に場合によってはそのように運用されてきた。ただし，この措置の適用を受けることができるのは合法な外国人滞在者であり，活動に制限のない者であることが前提となる。不法滞在外国人は本来強制退去の対象であり，これを適用対象に含めると生活保護目的の入国者を助長してしまうとするのである。なお，外国人の生活保護受給はあくまで緊急の場合の裁量に基づく運用であり，権利を認めたものではないため，外国人に請求権や不服申し立ての権利は生じないと理解されている。

▍社会手当

　児童手当は，児童の父または母，あるいは監護人に対して，居住要件が付されている。児童扶養手当も，該当する児童と母に対して居住要件がある。さらに，特別児童扶養手当は障害児，父母，または養育者に対して居住要件がある。海外に居住する家族への適用は，日本の制度運営では適用しないことになる。

2. 社会保障制度の外国人適用に関する行政措置

　以上は社会保障法に基づく国の行う業務を規定するものであった。しかし，実際には国の政策を補う準用措置や自治体独自の措置も行われている。生活保護の準用措置や医療費補助制度等がある。

▍生活保護の準用措置

　生活保護法は対象を「国民」に限定しており，外国人への適用は認められないように理解できるが，実際には外国人への適用事例がある。これは行政措置として生活保護法の準用措置によるものである。つまり，「日本国民でないすべての者は，本法の対象とはなり得ないものであること。但し，その困窮の状態が現に急迫，深刻であって，これを放置することは社会的人道的にみても妥当でなく他の公私の救済の途が全くない場合に限り，当分の間，本法の規定を準用して保護して差し支えない（行政通達昭和25年6月18日・社乙発92号）。」

　続いて，1954年には「生活に困窮する外国人に対する生活保護の措置について」という通達がだされた。「本法1条により，外国人は法の適用対象とならないのであるが，当分の間，生活に困窮する外国人に対しては一般国民に対する生活保護の決定実施の取扱に準じて左の手続により必要と認める保護を行うこと（昭和29年5月8日社発382号）」とした。そして，ここで具体的に外国人登録法による登録証明書の提示が求められた。つまり，正規の入国者のみに対象が限定され，不正規入国者はこの措置の対象とはならない。

　1990年には入国管理法の改正に伴い，当該規定に関する対象に関しても改正が行われた。厚生省では，生活保護法の趣旨である自立助長が期待できるの

は永住外国人であり，入管法で改正された一時的な在留外国人には自立が期待しにくいため生活保護の適用は適当でないと判断した。これにより，準用措置による外国人対象者の範囲は永住的な滞在を認められた外国人に限定された。

▍医療費補助

1996年5月10日の厚生労働省発健政(代)3号の通達により医療施設運用費等補助金交付金制度が導入され，同年より施行されている。具体的には，重篤な外国人患者の救命医療を施した救命医療センターにおいて，未回収の医療費に関して1件30万円を越える未回収金相当分を補助する。補助は国から都道府県に対して行われ，国の補助率は3分の1として，都道府県が3分の1，事業主が3分の1の負担となる。ここで特筆すべきは，この制度が不法滞在者にまで適用が認められることである。生活保護でも認められにくい外国人に対しても，緊急医療は提供されることになる。

▍地方自治体の措置

① 行旅病人及び行旅死亡人取扱法

行旅病人及び行旅死亡人取扱法は明治32年に制定されたもので，行旅病人の医療費を自治体である市町村が支弁する制度であった。生活保護法の導入によりこの法律は死文化した。しかし，生活保護法の対象から外国人が厳しく制限されることになったため，この法律が改めて活用されることになった。自治体の負担した医療費に対して，都道府県が弁償することになる。また，行旅死亡人の場合は，運搬費や火葬費，広告料，読経料，遺骨保管料，線香代等必要な経費がこの法律に基づいて支給可能である。ここで重要なのは，適用該当者の滞在資格を問わないことである。不法滞在の外国人であっても，この規定の適用が認められた。医療費に加えて被服費も給付対象となった。

② 地方自治体の医療費補助

前述の国の行う外国人の医療費補助は二次的な制度であり，それに先行して各都道府県は独自に緊急の外国人の医療費に対して病院等の施設に補助金を提

供してきた事例がある。ただし，適用対象は指定病院たる大規模病院に限定され，さらに，救命・緊急医療に限定されていることが一般的であった。補助金額は比較的低額である。

③ 外国人未払い医療費補填事業

特定の都道府県が独自に行う事業であり，外国人であれば滞在資格を問わず一律に適用される。医療施設も救命医療に限らず一般の医療施設も対象となる。不慮の傷病にあり未収となっている医療費の7割以内をこの制度が補填する。つまり，日本の健康保険や国民健康保健と同様の7割給付を外国人にも保障しようという制度である。ただし，回収できた費用はこの7割給付から差し引かれて支給される。

④ 無年金外国人への所得保障制度

1981年の難民条約を批准した際に，日本でも外国人が日本の年金制度に加入することが可能となった。しかし，その時点ですでに高齢であり被保険者期間が達成できない見通しの外国人や障害外国人等で受給要件を満たしていない外国人は無年金になることになった。そこで，特定の地方自治体が外国人の年金に代わる所得保障を制度化する場合があった。市町村の行うこの種の給付金に，都道府県が補助する場合もあった。

以上，行政の措置制度を見る限り，国は常に消極的な役割しか果たしてこなかった。特定の地方自治体が外国人のための社会保障制度に代わる制度を自発的に提供してきた。国は後になって，地方自治体のこの種の活動に一部補助するという形で遅れて乗り出してくる形となった[2]。

3. 外国人への社会保障適用上の問題

日本の社会保障が外国人に対してどのように適用されるかを概観してきた。外国人の場合，こうした適用上の規定だけでなく固有の問題もある。外国人のための特別の規定ではなく，国民一般と同様の規定であっても，特定の条件下にある外国人にとっては大きな障害になることがある。

被保険者期間

　適用要件と受給要件は異なる。たとえ制度の適用を受けていても，受給要件を満たさないことで給付に結び付かないことがある。これでは保険料負担ばかりさせられて，制度の恩恵にあずかれないことになる。特定の社会保険制度を受給するために受給要件がある。制度によって規定が異なるが，「被保険者期間」を設けている場合が多い。

　日本の年金制度では，受給要件として25年間の「被保険者期間」を設定している。日本人であれば，当然この数字は決して難しい数字ではない。しかし，当初から1年や3年の予定で労働ビザを得て入国してくる外国人に25年間就労することはほとんどありえないことである。つまり，当初から不可能な要件となってしまう。

　各国の状況を比較することはかなり困難であるが，ここでは単純な項目のみ紹介しよう[3]。年金の受給要件であるが，保険方式を採用する場合は最低被保険者期間（あるいは拠出期間）を設けているのが一般的である。その期間を示すと以下の通りとなる。

　ドイツは5年，フランスは3カ月，イギリスは1年，スウェーデン，デンマーク，ノルウェーでは1階部分の基礎年金は被保険者期間は問わないが居住期間を3年必要としている。2階部分の年金はまたそれぞれ異なる規定によるが，被保険者期間は求めない。ベルギーやオランダでは，被保険者期間は設定されていない。最も長い被保険者期間を課していたのは，アメリカと韓国の10年であった。受給資格要件として日本の年金の25年の被保険者期間は，異常な基準である。これにより外国人に限らず，無年金者を多数創出している。まして，外国人にとっては実質的に排除している規定となっている。国際基準から見ても改正すべきであろう。

年金の脱退一時払い

　実際にほとんどの外国人が，25年の被保険者期間を満たさずに帰国することになる。以前は，そのまま年金給付も受けずに掛捨て状態で帰国させられた。

表9 国民年金の脱退一時金

被保険者期間	年金拠出額（円）	年金支給額（円）
6カ月以上12カ月未満	84,600 ～ 169,200	41,580
12カ月以上18カ月未満	169,200 ～ 253,800	83,160
18カ月以上24カ月未満	253,800 ～ 338,400	124,740
24カ月以上30カ月未満	338,400 ～ 423,000	166,320
30カ月以上36カ月未満	423,000 ～ 507,600	207,900
36カ月以上	507,600 ～	249,480

（資料）社会保険庁の資料による。表10も同様。

表10 厚生年金の脱退一時金

被保険者期間	年金支給率
6カ月以上12カ月未満	0.4
12カ月以上18カ月未満	0.8
18カ月以上24カ月未満	1.3
24カ月以上30カ月未満	1.7
30カ月以上36カ月未満	2.1
36カ月以上	2.5

　1995年になってようやく，帰国時の脱退一時金制度が導入された。被保険者期間が6カ月以上あり，帰国後2年以内に請求すれば，脱退一時金が支給される。しかし，その支給額はかなり低く，支払保険料のごく一部にすぎない。

　表9は国民年金における脱退一時金の支給額を示している。例えば，保険料を6カ月から12カ月の間に合計84,600円から169,200円を払い込んだ外国人が，この制度で認められる支給額は一律に41,580円である。払った金額の約2分の1から4分の1相当である。さらに，36カ月以上にわたり，507,600円以上保険料を払った場合では，249,480円が年金支給上限となっており，これ以上の保険料の払い込みはまったく反映されずに掛捨て同様となる。

　表10は厚生年金における脱退一時金の支給状況である。こちらは定額ではな

く,定率で設定されている。そこでは,脱退一時金の支給額は,標準報酬月額に支給率を乗じて求める。ここで,支給率は保険料率に2分の1を乗じ,さらに,被保険者期間の月数を乗じて導き出す。ここで被保険者期間が6カ月ごとに区分されているが,なぜかその最低月数を計算式に組み入れることになっている。したがって,ここでも払いこんだ保険料総額より一般に低い金額になる。

厚生年金の脱退一時金額:
標準報酬月額×支給率(保険料率×1／2×被保険者月数)

例えば,30万円の報酬の人の場合,2010年現在で6カ月に147,708円を払った人から,12カ月に295,416円保険料を払った人までが,一時金は等しく147,708円となる。なお,会社も労働者と同じ金額の保険料を負担しているはずであるが,この分は労働者に反映されないし,企業に戻すこともしていない。通常,日本人であれば会社負担の分も年金原資に組み入れて考えられているはずである。何故,外国人は会社負担分を受給できないのか。その理由が明らかにされるべきである。内外人平等とはならないであろう。いずれにしても,拠出総額より低い一時金の額になることに変わりない。

一般の保険商品では,年金は長期にわたる契約であり,途中解約や脱退はペナルティーとして損失を被ることも想定内であろう。しかし,外国人の年金をこれに当てはめるのは疑問である。彼らは希望しても長期滞在ができない場合がほとんどである。はじめから数年の雇用契約であり,最初から脱退することが確実である。ペナルティーは必要ないはずである。あえて,課すのであれば,これは外国人差別にも該当する。

権利保持

社会保障給付の申請に際して,時間的な問題もある。就労に外国に行くのは比較的若年者層であるが,年金を受給するのは老後である。数十年後に年金年齢を迎え,その時点で申請できるのかという問題である。国際社会では,社会保障の受給権に関して権利保持の原則がある。つまり,一度認められた権利は

期限がなくいつまでも維持できるという考えである。日本の年金の脱退一時金制度であるが、申請は住所が国内になくなる日から2年間以内に行わなければ認められないとされている。権利保持の原則から程遠い規定である。

▎不法滞在者への適用

日本は一般に、不法滞在外国人には社会保障の適用を認めない。不法滞在外国人は行政によって数量的にも把握が困難であるが、外国人受入れの緩和とともに増加していることは明らかであろう。本来なら不安定な生活に陥らざるを得ない不法滞在者こそ社会的保護が必要な人たちであるともいえよう。

4. 小　括

日本において、外国人への社会保障制度の適用にはまだ多くの問題を残している。まず、生活保護法には国籍条項があり、外国人への適用はまだ未整備である。実際には、生活保護法の準用措置として人道主義的な配慮から外国人へも適用された事例があるが、永住者に限定されたり、緊急の場合等、まだ少数事例にすぎない。また、不法滞在者には適用拒否されているのが実態である。

社会保険関係制度は、おおむね外国人へも制限はなく適用されているのが実態であるが、1年以上滞在が見込まれる合法な外国人労働者を前提としている。不法滞在者には多くの場合に制限されている。欧州では、内外人平等待遇の原則から国民と外国人の間で平等待遇を認め、さらに、合法・非合法にかかわらず外国人を平等に取り扱う方向に向かっていると言われている[4]。

国民年金、児童手当、児童扶養手当、国民健康保険は外国人にも適用される。だが、実際には適用は低調であり、半数以下の外国人しか適用されていない。未加入外国人の増加、保険料の未納や滞納、医療費の未払い等多くの問題が山積みである。短期滞在を繰り返す外国人が多いことも適用を難しくしている。

年金制度においては合法的な外国人労働者は強制適用が原則であるが、帰国時の脱退一時金制度の支給額が低い。外国人は当初から損をすることが明らかな年金制度に強制加入させられるのである。

通常，年金と健康保険は並行して手続きされる。健康保険の適用を希望しても，明らかに損をする年金に入りたくない外国人は両方を拒絶したいであろう。また，40歳以上であれば健康保険の保険料から介護保険の保険料も徴収されてしまうが，多くの外国人は将来日本で介護サービスを受けることは予定していない。したがって，将来の恩恵にあずからないことが明らかな介護のための保険料も払いたくはないが，原則では強制適用されてしまう。

　国民健康保険においては，超過滞在の外国人は加入が認められない。また，生活保護の医療扶助制度も適用が難しいのが一般的である。健康保険においては会社を通じて超過滞在外国人にも適用の可能性があるが，不法外国人と知っていて雇用するような企業が社会保険を適用させるような事態は想定しにくい。また，労災は超過滞在外国人にも適用可能であるが，不法就労助長の発覚を恐れて企業も労災を申請したがらない。もとより労災隠しが横行しており，超過滞在外国人も格好の対象となるだろう。結局，超過滞在者は社会保障から差別的に適用除外されている。もはや人権問題である。

　以上のように外国人への社会保障制度の適用には多くの問題があるのにもかかわらず，日本政府には法改正の動きがほとんど見られない。サービス貿易の自由化促進によって，日本も今後多くの外国人を受入れざるを得ない状況にある。サービス貿易一般協定（GATS）においても，外国人の受入れは国民と平等待遇を前提としている。日本の社会保障制度の外国人対応は緊急の課題となりつつある[5]。

【注】
（1）次を参照。高藤昭『外国人と社会保障法』明石書店，2001年，堤健造「外国人と社会保障」国立国会図書館『人口減少社会の外国人：総合調査報告書』2008年，109-124頁。
（2）高藤『前掲書』(2001), 130頁。
（3）EU, MISSOC 情報による。
（4）高藤『前掲書』(2001), 94頁。
（5）拙稿「EPAと介護福祉士・看護師の受け入れ」『週刊社会保障』No.2367, 2010年7月24日号, 61-65頁参照。

第4章
二国間の社会保障協定

　社会保障のグローバル化への対応の遅れが，多くの問題を生起してきた。この問題への最初の解決手段として，二国間の協定が登場した。人の移動が頻繁な隣国間での取決めとなっていった。二国間の社会保障協定の歴史は古い。欧州にあっては，社会保険の成立から間もなく近隣諸国からの移民に対して国際協定が検討された。

　国際社会保障協定が成立する前提としては，経済交流が活発で，人の交流も活発な場合が想定できる。さらに，二国間協定が発展した形として複数国間協定も見られる。日本の事例としては，最近締結した二国間社会保障協定について概観していこう。世界的に展開されている国際社会保障協定と比較しながら検討を加えていこう。

第1節　諸外国の二国間社会保障協定

1．二国間の社会保障協定の概要
歴史的な経緯[1]

　1904年，世界で最初の社会保障協定がフランス―イタリア間で締結された。両国は古くから人的交流の頻繁な隣国であった。ドイツのビスマルクが世界で初めて疾病保険から老齢年金を導入したのが1883年から1886年のことであり，その後欧州大陸諸国で急速に普及していった。世界最初の社会保険からわずか20年余りで，もはや社会保障の国際協定が締結されたことになる。イギリス国内で最初の社会保険である国民保険の導入が1911年であるから，欧州

大陸諸国における国際協定への潜在的なニーズが相当高かったことが確認できよう。

　1906年にはフランス―ベルギー社会保障協定が結ばれた。1912年には，ドイツ―イタリア社会保障協定も結ばれ，ほぼ同様の協定が欧州大陸の周辺国間で締結されていった。地続きの欧州大陸諸国では，互いに労働者の移動が古くから頻繁であった。同様の利害関係を持つ近隣諸国間でほぼ同様の二国間社会保障協定が締結されていった。

　そして，1949年には，ベルギー，フランス，オランダ，イタリア，ルクセンブルクの5カ国の参加で移民労働者の社会保障の権利に関するブリュッセル条約が締結されている。こうして，二国間の社会保障協定と並んで，複数国間の社会保障協定に結実していった場合もあった。

　他方，特定の利害を同じくする複数の国々の間で社会保障協定が相互に結ばれるところまで発展していった場合があった。スカンジナビア諸国間の協定やライン川周辺諸国の協定等がこの事例に当たる。隣接する地域での社会保障の多数国間協定が進展していった。

　第二次世界大戦後，経済のグローバル化の進行にあわせて，人の国際移動も活発になり，社会保障制度も国際化対応を迫られ，二国間，あるいは，複数国間での社会保障協定は増え続けていった。欧州では，この種の二国間協定が1957年のEECの創設とともに，ドイツを加えて加盟国間の社会保障の「整合化」の展開に至り，1971年の社会保障「規則」につながっていく。

　他方，1956年には国際運輸従事者の社会保障に関する欧州協定が締結され，陸上および海上運輸の業務を行う加盟国に事務所を持つ企業で働く従業員の社会保障の「整合化」を行うことを可能にした。1980年には一時滞在者への医療保障に関する欧州協定が締結された。加盟国の国民が他の加盟国に一時的な滞在中に当該国の医療サービスが必要になった時に，出身国の医療保障制度が一時滞在国の医療機関が立て替えた医療費を償還することが約束された[2]。

　1957年のローマ条約によって設立されたEECは，労働者の自由移動を保障するため各国社会保障制度の「整合化」を進めた。具体的には，1971年の

EEC「規則」No.1408/71によって,「整合化」の方法が確定された。加盟国の拡大とともに,その影響力も大きくなっていった。

こうした社会保障の取決めは,人の国際的な移動の活発化によってさらに必要性を増した。二国間の社会保障協定の延長線上で利害を共通にする国々の間での多国間協定や国際機関による協定という形にも発展していった。各国間,あるいは,国際機関によっても社会保障協定は締結されてきた。現在では,世界中に400以上の二国間協定が存在すると言われている。また,グローバル化のさらなる進展は,社会保障協定のますますの増加をもたらすであろう。

社会保障協定の内容

一般的には,二国間の社会保障協定は人の移動が活発な隣国同士で結ばれる場合が多い。外国人であり,国内の適用要件を満たさない場合,等しく同じ職場で働く外国人が,当該国の社会保障制度の恩恵にあずかれずに,差別的な待遇を受けることが問題とされてきた。社会保障協定の主な内容は,近隣相手国出身者に対して当該国の社会保障制度を国民と同等に適用させることである。これにより外国人も社会的なリスクから国民と同様に保護されることになる。

労働者の場合,社会保障制度の中で真っ先に協定が必要となるのは,労災補償である。比較的危険で国内の労働力が不足しがちな職に外国人が従事することが多く,外国人の労災の発生確率は一般国民に比べて高くなる。同じ職場で事故が起こり,犠牲者が複数出たとする。国民には労災補償が適用され,外国人には適用しないというのは大きな問題である。外国人に対して国民と同様に労災補償を適用させることは,比較的早い時期から実施されたことであった。

また,労働者に限らず一般市民を想定する場合,健康保険も協定の必要性が高い。誰でも病気にかかったり,怪我をすることがある。労働者本人だけでなく,その家族の医療サービスが重要になる。隣国に旅行や労働に出ている場合だけでない。国境周辺に居住する市民の場合,自国の病院より隣国の病院の方が至近距離にある場合もある。緊急時等においては,相互に医療施設を利用できるような協定が国家間で成立することもあった。入り組んだ国境で接してい

る国々では，よくある話である。お互いの医療サービスを隣国人にも適用することは，双方の国にとって利害が一致することである。

　さて，老齢年金はすぐには大きな問題にはならないが，やはり外国人への特別な配慮が必要となる。多くの外国人労働者の場合，比較的若い時期に移住し，ある程度就労して本国に帰国する。老齢年金が支給されるのは老後になる。就労期間が短いと，老齢年金の受給権が認められないこともあろう。受給権の保護，通算措置，一時払い清算等の措置が必要となる。

　年金は社会保障制度の中でも最も大きな負担となる制度である。この制度が機能するかしないかでは大きな違いである。したがって，多くの二国間協定では年金に関する規定が中心的な存在となっている。受給資格要件として被保険者期間，あるいは，拠出期間が設定されている国が多いが，そこで資格対象期間の合算措置等が組み込まれている場合が多い。また，年金受給まで長期間を経る必要から，権利保持に関しても規定が盛り込まれる場合が多い。さもないと，せっかくの制度加入にもかかわらず年金が支給されないことになるからである。

　社会保障の国際協定の主な対象は，社会保険である。もともと外国人労働者の社会保険制度における取扱いを二国間で合意することが社会保障協定の始まりであった。一般的には，合法的な賃金労働者であれば外国人でも最低賃金以上の所得が保証されているため，公的扶助等の適用は問題にならなかった[3]。したがって，公的扶助や社会福祉制度等は社会保障協定には盛り込まれていないのが一般的である。

2. 各国における社会保障協定

　社会保障の国際比較研究はかなり蓄積されてきたが，主に国民を対象とした視点を暗黙の前提にしている。社会保障の国際協定等に関しては，一般研究書では記述がほとんどないのが現実である。ここでは，限られた資料から概略を見ていこう。

〔ドイツ〕

　まず，個別の二国間協定としては，1990年現在ですでに，フィンランド，イスラエル，ユーゴスラビア，カナダ，リヒテンシュタイン，モロッコ，オーストリア，ポーランド，ルーマニア，スウェーデン，スイス，チュニジア，トルコ，アメリカ等と締結している[4]。その後も，1999年締結の日本との社会保障協定も含め対象国は拡大している。通常，協定は健康保険，年金，労災を対象としている。年金については，被保険者期間の合算措置，国外送金，帰国者への保険料の還付，国民との平等待遇等が規定されている。

　さらに，EU加盟国とはEU「規則」の適用を受け，加盟国出身者は社会保障の「整合化」規定に従って対処される。また，ドイツ，オーストリア，リヒテンシュタイン，スイスの4カ国は二国間協定に加えて，4カ国間社会保障協定を締結し，より密接な相互協定になっている。例えば，健康保険の適用を一時滞在中の場合も適用されるように配慮されている。国外在住のトルコ人の子供については，ドイツの児童手当を支給している。

　社会保障協定のない国々の出身者には，外国人年金法が等しく適用される。また，難民等も外国人年金法によって等しく取扱われる。

〔フランス〕

　世界で最も古く，1904年にフランス—イタリア社会保障協定を締結した。以後，フランスは近隣諸国とほぼ同様の協定を締結していった。この時期には特定の社会保障制度に関して二国間協定が結ばれたが，1948年のフランス—ベルギー社会保障協定は社会保障全般に関する「整合化」を内容とし，以後のEU法へとつながっていく[5]。近隣諸国との二国間協定から欧州評議会やEUの各種社会保障法にいたるまで，フランスが果たした先導的な役割りは常に大きかった。

　フランスは戦後1957年までに13の社会保障協定を締結した。そのうち9カ国が近隣欧州諸国であった。以後も，旧植民地諸国に加えて，ルーマニア，カナダ，アメリカ等と二国間協定を締結している。アルジェリア，チュニジア，

ベナン，コンゴ，コート・ジボアール等との二国間社会保障協定では，費用を一部負担する形で相手国による家族手当を支給している。また，モロッコ，トルコ，ユーゴスラビアとの二国間協定では，当該国居住の家族に対して家族扶養手当を直接支給している[6]。こうして2011年現在では，フランス政府は59カ国と社会保障協定を結んでいる。多くの国では，協定の改正が繰り返され現在に至っている[7]。

　二国間社会保障協定については，次の原則がある。第1に，国際移動する外国人労働者の社会保障に関しては，雇用地主義に基づき，雇用している国の社会保障が適用される。第2に，当該国民と外国人を平等に取り扱い，外国人への差別待遇を排除することである。第3に，既得権を保護し，社会保障の権利保持を認める。具体的には，期間合算措置，海外の権利保持・認定を認めている[8]。これにより，掛捨てや無保障が回避されることになる。

　フランスでは，民法11条の「外国人は外国人の属する国との間の条約により，フランス人に認められているものと同じ市民権を享受する」という規定に従って平等待遇が行われている。また，EU加盟国出身者に関しては，EUの「規則」が適用され，社会保障の「整合化」の規則に従うことになる。

〔イギリス〕

　イギリスは多くの社会保障協定を締結している。協定相手国は，オーストラリア，アメリカ，カナダ，イスラエル，ニュージーランド，オーストリア，キプロス，フィンランド，アイスランド，マルタ，ノルウェー，スウェーデン，スイス，トルコ，旧ユーゴスラビア，バルバドス，バーミューダ，ガーンジー，ジャマイカ，ジャージー，モーリシャス，フィリピン等である。欧州を中心に世界各地の国々と締結している。アフリカやアジアの小国とは協定が少ない。

　協定の内容は相手国の社会保障制度の状況によって異なる。国によって適用対象としての制度が異なる。老齢年金については，すべての協定において該当する規定がある。遺族給付や障害給付，傷病給付もほとんどの国々との協定に盛り込まれている。ただし，実施にはかなり制限が設けられている。失業給付

は，すべての協定において海外送金は認めていない。

イギリスの社会保障協定では，以下の点が盛り込まれている。

① 他国での社会保障給付の受給資格に対して，イギリスでの居住期間，就労期間，拠出期間を諸外国での社会保障制度の受給資格に算入する。
② 諸外国での居住期間，就労期間，拠出期間をイギリスの社会保障の受給資格に算入する。
③ イギリス国内で，諸外国の社会保障給付の受給を認める。
④ 他国において，イギリス社会保障給付をイギリス国内と同様に受給することを認める。
⑤ イギリスでの初期の就労期間については，イギリス国民保険拠出金について特別の規定を設ける。逆の場合も認める。

以上の規定にもかかわらず，実際にはイギリスの社会保障は海外での給付の受給は困難のようであるが，逆に保険料の徴収は海外でも認める傾向にあるようだ[9]。

〔アメリカ〕

二国間の社会保障協定においては，アメリカは二重適用の回避と労働キャリア中断への対処を目的として，積極的に取組んでいる。現在24カ国と社会保障協定を締結している。協定相手国は，オーストラリア，オーストリア，ベルギー，カナダ，チェコ，デンマーク，フィンランド，フランス，ドイツ，ギリシャ，アイルランド，イタリア，日本，ルクセンブルク，オランダ，ノルウェー，ポーランド，ポルトガル，韓国，スペイン，スウェーデン，スイス，イギリスである。

アメリカ政府が1970年代以降この種の協定に積極的になった理由は，企業の負担軽減にあった[10]。海外に多数の企業が進出しているアメリカでは，社会保障の企業負担を軽減する手段が国際競争力の確保のためにも早くから重視されてきた。

二重適用の回避の方法としては，滞在期間に応じて決められる。5年間以内の赴任の場合，出向国の社会保障は適用免除され，アメリカの社会保障制度のみが適用される。他方，5年以上の滞在の場合は，逆にアメリカの社会保障が不適用となり，出向先の国の社会保障制度のみが適用されることになり，その間はアメリカで保険料を支払ったものとみなされる。アメリカに5年以上就労する協定国からの外国人労働者に関しては，逆に同様の措置が適用される。

　考え方としては，雇用地主義が一般的な基本原則で，本国優先主義は短期滞在の派遣社員のためのむしろ例外的な措置と考えられている。被用者に限らず，自営業者等も基本的には雇用地主義に従う。海外在住期間が長いことにより，アメリカの社会保障の年金の受給資格を満たさない場合のために，二国間協定により資格認定期間の合算措置が協定に盛り込まれている。

〔イタリア〕

　イタリアはヨーロッパにおいて古くから移民を送出してきた国であった。イタリア国内への移民の受入れは，1980年代初めまでは主に欧州の周辺諸国からの移民であり，大きな問題は見られなかった。以後，アジア，アフリカからの移民が増え，問題が生じるようになった。

　1904年のフランス―イタリア社会保障協定が世界で最も古い二国間協定であると述べた。以後もイタリアは二国間社会保障協定を数多く締結してきた。アルゼンチン，オーストラリア，オーストリア，ブラジル，カナダ，カーポ・ヴェルデ，イスラエル，ユーゴスラビア，リビア，リヒテンシュタイン，メキシコ，ノルウェー，サン・マリノ，アメリカ，スウェーデン，スイス，チュニジア，ウルグアイ，ヴァチカン市国，ベネズエラ，フィリピン，アルジェリア，エジプト，モロッコ，ニュージーランド，等である。おもに年金に関する協定であるが，労災，失業保険，家族給付等の社会保障制度については平等待遇が認められている[11]。

　医療に関しては，イタリアは国民保健サービスを実施している。外国人への適用は条件が付されている。合法的にイタリアに滞在し労働に従事する外国人

は，イタリア人同様に国民保健サービスの強制適用対象になる。学生，失業者，その他合法的滞在の外国人は任意登録となる。

〔韓　国〕

　人の国際移動の流れを見ても，韓国は以前の移民送出国から受入れ国に転じた。2004年に外国人の労働許可制度が始まり，海外の労働力の受入れが増加傾向にある。特に，朝鮮族の中国人，東南アジアの出身者の受入れが多数を占めている。婚姻による移住外国人も増えた。在韓外国人は2000年の21万人から2008年には85万人以上へと8年間で約4倍に達した。

　社会保障の領域においても，外国人のための差別的な規定を廃して外国人を保護する法改正も行われてきた。二国間社会保障協定の締結も1976年のイランとの社会保障協定に始まり，1999年のカナダ，2000年のイギリス，2001年のアメリカ，2004年の日本と急速に締結国が増えている。その後も，中国，イタリア，ウズベキスタン，モンゴル，ハンガリー，フランス，オーストラリア，アイルランドとも締結に至っている[12]。

〔チ　リ〕

　南米のチリは外国人人口は総人口の2%余りと少ないが，近年，政府が移民の積極的受入れを進めており，実際に増えつつある。近隣のペルー，アルゼンチン，ボリビアから多く受入れ，逆に，主にアルゼンチン，アメリカ，スイス，カナダ，オーストラリア等に移民を送りだしている。

　チリの社会保障制度は積立て方式の年金制度等ユニークな運営で有名であるが，外国人へ平等待遇を進めている。二国間の社会保障協定は2010年段階ですでに24カ国と締結しており，南米に限らず世界中の多くの国々と協定を結んでいる。相手国は，ドイツ，アルゼンチン，オーストラリア，オーストリア，ベルギー，ブラジル，カナダ，コロンビア，チェコ，デンマーク，エクアドル，スペイン，アメリカ，フィンランド，フランス，ルクセンブルク，ノルウェー，オランダ，ペルー，ポルトガル，スウェーデン，スイス，ウルグアイ，ベネズ

エラ，ケベック州である。さらに，4カ国と現在締結に向けて交渉中である。

また，2007年にスペインとポルトガルの旧植民地であった南米14カ国がイベロアメリカ社会保障協定を締結し，2010年現在で8カ国が批准した。チリもこれに加わっている。自国以外の批准国に居住する約550万人がこの協定の適用を受けると言われている[13]。

〔フィリピン〕

フィリピンは政府が積極的に国民を海外に移民に出している国である。海外労働者福祉部という独立した行政組織が，移民政策を進めている。フィリピン総人口の約1割が海外で就労し，さらに増加傾向にある。フィリピンは，1982年以降かなり早い時期から社会保障協定を結んできた。1982年のオーストラリアとの協定をはじめとして，アイルランド，スペイン，フランス，カナダ，ケベック州，スイス，ベルギー，韓国と2005年までの間に協定が成立している。

海外在住のフィリピン人に対して，フィリピンの社会保障制度を継続的に適用させる制度も運営されている。年金貯蓄制度と医療制度，住宅貯蓄であるが，海外在住の本人のみならず国内の家族もこれらの制度適用の恩恵にあずかることになる。主要国のフィリピン大使館に社会福祉担当官を配置し，海外労働福祉部および社会福祉開発省が海外フィリピン人のために多様なサービスを行っている。フィリピンの社会保障は決して十分に発展しているわけではないが，海外移住労働者に多くの配慮を具体化していることが理解できる[14]。

3. 小 括

以上，二国間の社会保障協定の状況を概観してきた。情報量がまだ不十分であり，本格的な研究には至っていない。しかし，この種の研究が特に日本では著しく欠如してきた事実が背景にある。各国の社会保障の紹介においても，この種の情報は記載がなかったり，極めて限られた記述に終始し，実際に研究の蓄積が乏しい。繰り返しになるが，本来社会保障法は国内法の一環として一般国民を想定して構築されている。あえて外国人への適用規定を含む国際協定を

議論する必要性は少なかった。その意味では，本稿は新たな試みともいえよう。
　これらの国際社会保障法は，今後もさらに発展していくであろう。人の国際移動が国際貿易の自由化に伴ってさらに進展することが予想されており，社会保障もその対応を余儀なくされているからである。国境を越えて移動する人の社会保護を確保していくためには，国際社会の連携が不可欠である。国際ルールにのっとって各国の社会保障が相互に機能していかないと，国際移動する人のリスクをカバーすることができない。
　逆に，国際移動しても何ら社会保護の面でも不利益を被らないことが約束されることは，さらなる人の国際移動への動機づけにもなる。つまり，かつてのEUの議論のように，社会保障が国際的に人の移動の障害にならないようにするといった消極的な発想から脱し，社会保障をグローバル化することによってさらなる人の国際移動を奨励するという積極的な発想に転じようとしている。
　そのことが今度はサービスを含めた自由貿易の活性化につながり，ひいては国際的なレベルでの経済成長につながっていく可能性がある。人の国際移動を活発にすることが，日本に限らず世界の経済の活性化につながり，それが今度は社会保障の発展にもつながる可能性がある[15]。長期にわたる世界同時不況から世界が必要とする重要な施策の一つであると言えよう。

【注】
（1）拙著『国際社会保障論』学文社，2005年，34-41頁。
（2）Kremalis, K., "Principles of International and European Social Security Law", in Reading Materials of Erasmus Program, 1990.
（3）詳しくは，次を参照されたい。
　　高藤昭『外国人と社会保障法』明石書房，2001年。
（4）土田武史「ドイツ」日本労働研究機構『欧米諸国における外国人等への社会保障の適用』1995年，23頁。
（5）拙稿「社会福祉の国際化」仲村優一・一番ヶ瀬康子編『世界の社会福祉フランス・イタリア』旬報社，166頁。
（6）藤井良治「フランス」日本労働研究機構『欧米諸国における外国人等への社会保障の適用』1995年，23頁。
（7）Code de la sécurité sociale 35e éd., 2011, pp.2999-3018.

（8）拙稿，前掲書，170-171 頁。
（9）髙野和良「イギリス」日本労働研究機構『欧米諸国における外国人等への社会保障の適用』1995 年，68 頁。
（10）後藤玲子・阿部彩「アメリカ」萩原康夫他編『世界の社会福祉年鑑 2010 年』旬報社，2010 年，165 頁。
（11）小島晴洋「イタリア」日本労働研究機構『欧米諸国における外国人等への社会保障の適用』1995 年，23 頁。
（12）金早雲「大韓民国」萩原康夫他編『世界の社会福祉年鑑 2010 年』旬報社，2010 年，223 頁。
（13）安井伸「チリ」萩原康夫他編『世界の社会福祉年鑑 2010 年』旬報社，2010 年，363-364 頁。
（14）坂間治子「フィリピン」萩原康夫他編『世界の社会福祉年鑑 2010 年』旬報社，2010 年，298 頁。
（15）浦田秀次郎『日本の FTA 戦略』日本経済新聞社，2005 年参照。

第2節　日本の二国間社会保障協定

　属地主義の傾向が強い日本の社会保障においては，国際化対応において多くの問題を残している。その一つの解決手段が，二国間社会保障協定である。特に人の移動が頻繁な国々との間で，相互に取り決めを持つことで問題を直接解決することができる。しかし，国民の関心は比較的低く，あまり多くの議論が見られない。一般市民が知らないうちに政府主導で密かに動いている感が強い。ここでは，日本の国際社会保障協定の現状を明らかにし，今後の在り方について考察したい。

1. 社会背景
▍日本が国際協定に遅れた理由

　日本の社会保障領域において，国際化への対応は他の先進諸国と比べて極めて遅れている。それには，いくつかの日本に固有の理由が挙げられる。ここで整理していきたい。

　まず第1は，地理的な理由である。極東アジアの島国である日本は，国際化対応の必要に迫られなかった。欧州や北米をはじめ他の地域と比べて，人の移動が極めて限定的で，しかも管理可能な日本の状況は世界でも稀な存在である。近隣に侵入を繰返すような民族や国家が存在しなかった。地続きで山や川を越えて隣国と接している状況を日本人は想像すらできないであろう。周囲を海で囲まれて，ほぼ単一民族であり，言語も文化も単一に近い状況は，世界ではむしろ稀な存在といえよう。

　第2に，日本の歴史的な経緯も日本の社会保障協定の遅れの理由であろう。日本は第二次世界大戦に至るまでの長い歴史において，戦争で負けて侵略された歴史がない。また，第二次世界大戦における敗戦に際してもアメリカによる占領・支配は一時的なものであり，国際的に独立が認められ平和な国家に生まれ変わった。こうした日本にとっては当然の歴史は，国際的には決して一般的

な話ではない。欧州を見ても長い歴史は侵略の歴史であった。戦争のたびに近隣諸国と否が応でも対峙しなければならなかった。その結果，支配や被支配を繰返し，国境はたびたび引き直されてきた。このような経験がない日本はやはり稀な存在といえるだろう。

また，徳川時代に長く鎖国をしていたこともあり，日本は国際社会から意図的に隔離されてきた。明治以降は近代文明化の流れで国際化を急いだが，諸外国と比べれば，閉鎖的で保守的な文化と価値観が共有されている。とかく都合の良いことはすぐに受入れるものの，頑なに守る伝統もあったのが日本の特徴であった。

第3に，上記の社会背景もあって，日本の政府や行政も国際問題に関して積極的でなかったという事実もある。厚生労働省は，国内問題を扱う省庁である。外国との関係は外務省の管轄になる。そこでは，国内の外国人や海外の日本人を想定した特別な政策をとらなくても済んでいた。厚生労働省の国際的な活動は極めて低調であった。実際に外国人人口はすでに紹介した通り，先進国の中ではまだかなり低い水準にある。外国人への配慮が欠けていても大きな問題として認識されてこなかったことも国際化対応の遅れの一因といえよう。

最後に，社会保障制度自体が近隣諸国と異なっており，仮に協定を結ぼうとしてもその効果に疑問が残ったことも理由に挙げられよう。アジアにおいては，日本は社会保障制度が最も整っている国である。ILOの社会保障の最低基準に関する102号条約にしても，長い間にわたり日本はアジアで唯一の批准国である。社会保障の未成熟なアジア諸国との協定は，必ずしも日本にとっては魅力的で国益に合致するとは思われなかった。

以上のような理由により，日本は長きにわたり，社会保障制度の国際化対応の必要性に迫られてこなかった。ごく少数派の間では必要があったとも考えられるが，全体としては待ったなしの対応を迫られるような情勢にはなかった。

二国間社会保障協定の必要性

最初の議論は，何故，国際社会保障協定が必要なのか，という根本的なもの

である。協定が締結されるのは，通常，何らかの問題があり，その問題を解決するための一つの方策として実現するものであろう。それでは，国際社会保障協定がないこれまでの状況では何が問題だったのか，ということが最初に問われなければならない。

　一般には，社会保障の国際対応については，日本ではあまり大きな問題があると認識されてこなかったように思われる。だからこそ，今ごろまで放置されてきたのではなかろうか。陸続きの欧州と違って，日本では労働者の国際移動は少数派であった。何故，今，日本で国際社会保障協定が必要になったのか。経済のグローバリゼーションはもうとっくに進行していた。

　厚生省や社会保険庁（現在の日本年金機構），そして，外務省等の説明では，両国間で社会保障の二重適用があることを問題視している。さらに，二重適用の際に掛捨てとなることも併せて問題としている。この2つが問題であり，これを解決するために協定が急がれているというのである。しかし，これらの問題の深刻さについて，あまり具体的には示されていないように思われる。どういう人が，どれくらい，どのような状況下で，どういう問題で困っているのか，それがどれくらい深刻なのか，十分に認識されていない。質的にも量的にも十分な資料が公表されていない。

2．日本の二国間社会保障協定の概要
経　緯

　1998年，日本はドイツと最初の日独社会保障協定を結んだ。それ以降，イギリス，韓国，アメリカ，ベルギー，フランス，カナダ，オーストラリア，オランダ，チェコ，スペイン，アイルランド，イタリア，ブラジル，そして2010年10月調印のスイスとの社会保障協定に至るまで13年間で15カ国と，日本は社会保障の二国間協定を立て続けに締結している（表11参照）。

　さらに，現在ハンガリーとルクセンブルクと同様の協定の交渉中であり，予備協議に入っている国がスウェーデン，フィリピン，スロバキア，オーストリア，インドである。今後も協定国は増加の一途を辿ると見込まれる。日本人の

表11　日本の国際社会保障協定

相手国	協定調印	協定発効	通算	二重適用回避の対象となる制度 日本	二重適用回避の対象となる制度 相手国
ドイツ	1998年4月	2002年2月	有	年金	年金
イギリス	2000年2月	2003年2月	無	年金	年金
韓国	2004年2月	2005年4月	無	年金	年金
アメリカ	2004年2月	2005年10月	有	年金，医療保険	年金，医療保険（メディケア）
ベルギー	2005年2月	2007年1月	有	年金，医療保険	年金，医療保険，労災，雇用保険
フランス	2005年2月	2007年6月	有	年金，医療保険	年金，医療保険，労災
カナダ	2006年2月	2008年3月	有	年金	年金（ケベック州を除く）
オーストラリア	2007年2月	2009年1月	有	年金	年金
オランダ	2008年2月	2009年3月	有	年金，医療保険	年金，医療保険，雇用保険
チェコ	2008年2月	2009年6月	有	年金，医療保険	年金，医療保険，雇用保険
スペイン	2008年11月	2010年12月	有	年金	年金
イタリア	2009年2月		無	年金，雇用保険	年金，雇用保険
アイルランド	2009年10月	2010年12月	有	年金	年金
ブラジル	2010年7月	2012年3月	有	年金	年金
スイス	2010年10月	2012年3月	有	年金，医療保険	年金，医療保険

（資料）外務省資料より作成。

　海外生活者数が増加傾向にあり，逆に，日本への外国人の受入れ数が増え続ける現状から，今後の国際社会保障協定のニーズは高まり，適用対象者も増加していくことは明らかである。

対象制度

　まず，社会保障協定は社会保険制度が政策の主たる対象となっており，公的扶助制度は対象に含まれないのが一般的である。隣国から入国してくる労働者の社会保険制度の取扱いが社会保障協定の内容に盛り込まれてくる。日本の場合も同様に，協定の対象は社会保険制度となっている。

　これらの二国間の社会保障協定は，相手国によって内容も異なる。まず，協

定の適用対象となる制度であるが，公的年金制度は15カ国すべての協定で対象に含まれる。アメリカ，ベルギー，フランス，オランダ，チェコ，スイスとの協定では，年金に加えて医療保険制度も適用対象に含まれている。また，フランスは労災保険も盛り込まれている。オランダ，そしてイタリアとの協定は雇用保険が対象に加えられている。さらに，ベルギーとの協定においては，労災保険と雇用保険の両制度が対象に加えられている。

　これら社会保障制度の中で最も重要なのは，公的年金制度である。「社会保障協定」と称しても，ドイツ，イギリス，韓国，カナダ，オーストラリア，スペインとの協定は，実質的に「年金協定」を意味し，年金制度のみが協定の対象に盛り込まれている。年金以外の制度は，就労中，あるいは，滞在中の保障にとどまるが，年金は就労や滞在が終了したあと老後にまで及ぶことになる。

二重適用の回避

　日本の締結した社会保障協定の内容で最も重要な点は，海外で働く労働者が本国と出先国の両国で社会保障制度を二重に強制適用されることを回避することである。日系企業で海外駐在に出る場合は数年間の就労が多く，その間は日本と出先国の社会保障制度が二重適用となる場合が多かった。企業にとっても労働者にとっても保険料の二重負担となる。こうした二重の負担は莫大なコストになるため，日本企業の国際競争力を低下させることにもなっている。

　今回一連の協定において社会保障制度の強制適用が免除されるのは，当初5年間以内の滞在が予定される短期滞在の場合に限定されている。5年以上の長期滞在の場合には，これらの協定に基づく二重適用回避の規定は適用されないことになり，これまでと同様に出先国の社会保障は強制適用となる。だが，当初5年未満の滞在を予定して出先国の社会保障制度の強制適用を免除されていた者が引続き出先国に滞在する場合，被用者と事業所の共同の申請に基づき引続き免除措置を受けることを可能とする規定も盛り込まれている。

合算措置

　海外での社会保障の適用に関しては，結局受給権が認められず，保険料の掛捨てになることがあるとして，日本政府はこれを問題視し，その対策として二国間社会保障協定を主張してきた。本国の社会保障も受給権が認められない場合には，無保障となる可能性もある。日本の年金では，25年間の被保険者期間を満たさないと受給権が認められなくなってしまう。

　国際社会保障協定で重要なのは，被保険者期間の合算が認められるかという点である。一般的には海外滞在は短期であり，滞在中に年金の強制適用を受けても，被保険者期間が十分でない等の理由から年金の受給権が認められない場合もある。合算措置がある場合，両国の被保険者期間を合計して両国の年金を申請することができる。当該国に滞在していない期間は年金額の算定には反映されないにしても，合算措置により受給資格要件として被保険者期間が認められ，両国の年金が受給可能となる。したがって，両国の年金を合計すれば，ある程度の所得保障が可能となる。

　日本の社会保障協定は，まだ初期段階にある。各国の社会保障制度は異なり，協定の内容も各国間で違って複雑になる。遺族年金や障害年金の取扱い，長期滞在の扱い等をはじめ，国際的な調整が必要な措置が数多く残されており，今後の動向が注目される。

3. 二重適用の再検討

問題の所在

　社会保障の二重適用は何が問題なのか？ もう少し具体的に検討したい。両国の社会保障制度が適用されることであるが，どんな問題が起こるのか。それほど大きな問題であれば，何故，これまで長い間放置されてきたのか。この問題は社会保障制度の成立と同時に存在してきたはずである。

　欧州の国際社会保障協定を見てみると，最大の問題は社会保障制度の無適用の方にあったと思われる。人が国境を越えて移動したため，本国の社会保障も現在居住国の社会保障も適用されずに，無適用となってしまうことが問題で

あった。そこで，欧州の社会保障協定では「一法律適用の原則[1]」をもって，どちらの国の社会保障が適用されるかのルールが作られてきたのであった。

無適用が深刻な問題であることは誰もが認めるところである。だが，二重適用については，両国の社会保障制度が適用されることであり，問題は無適用ほど深刻ではないように思われる。実は，無適用と二重適用は表裏の関係にある。「一法律適用の原則」とは，二重適用と無適用を同時に解決してしまうルールでもある。1人の人間に社会保障制度が2つあり，2つとも適用する場合と2つとも適用しない場合をなくし，一方だけ必ず適用するルールを作れば，問題はすべて解決するはずである。

疑問を続けるならば，何故，日本は無適用を取上げないで，二重適用だけを問題にするのか，ということである。日系企業の海外派遣ではなく，日本人が個人で海外で就労する場合，日本の社会保障が適用されないで，就労する国の社会保障制度も適用しない場合に，無適用が起こる。この場合の方が問題はより深刻である。属地主義をとる日本の社会保障は，日本人が国境を出た瞬間に適用から除外してしまう。この点を改めることが先決ではないだろうか。

二重適用の問題は，企業と労働者が二重に保険料を払うことで負担が2倍になることであろう。社会保障とは，通常，市民がその恩恵にあずかる制度である。労働者の立場から見れば，2倍払っても，2倍受給できれば問題はあまり認識されないであろう。より具体的に言えば，社会保険方式をとっている国々でも保険料率は日本のように労使折半にしているのはドイツくらいで，多くの国々では使用者負担の方が重い。つまり，労働者有利であるし，税方式の国ではなおさら労働者は負担以上の給付を受けることになる。

労働者が損害を被るとは簡単にはいえない。もちろん，これが良いか悪いかは別問題である。社会正義の立場から考えれば，社会保障の本来の意味から外れることになる。6割支給の年金が2カ国から受給できたら，就労中の賃金より高額の年金になってしまう。むしろ悪用の部類に入るだろう。しかし，二国間の社会保障制度をめぐる悪用であり，一国内で完結している社会保障においては何も問題ではない。

二重適用になる理由

　何故，二重適用となるのであろうか。外国駐在で働いている日本人労働者の給料は通常現地国で払われている。その国に居住しているのであるから，日本の賃金が止まり，日本の社会保障も資格喪失するのが筋であり，出先国だけで社会保障に加入すれば良い。そうであれば二重適用は起こらないはずである。

　常識的に考えても，居住も就労もしていない人のために何故社会保障を適用させなければならないのか。属地主義の視点からも，日本を離れれば，社会保障の資格を失い，これによって二重適用の問題は発生しないことになる。

　協定では，日本の企業から海外派遣される場合を想定しているが，個人で海外の企業に就職する場合はこのような問題は起こらない。海外派遣の場合でも，日本企業の現地法人に雇用されるわけであるから，日本の本社から賃金を支給する必要はなく，社会保障の保険料を払わないようにできるはずである。つまり，日本に居住しない従業員の賃金を止めることで，社会保障も適用が停止され，二重適用にはならないはずである。つまり，二重適用を回避することは，国際協定を特別に締結することによってではなく，個別企業内のレベルの措置で可能になるのではないか。二重適用を回避するためには，相手国と協定を結ぶまでもなく，国内問題で容易に解決できるはずである。

二重適用の対処方法

　二重適用が問題であるとして，次の問題はどのように対応するべきか，その手段である。二重適用の回避には，いくつか選択肢があるはずである。

① 　出身国の社会保障制度のみ適用させる。
② 　受入れ国の社会保障制度のみ適用させる。
③ 　何らかの規則を設定して，その規則によって適用される社会保障制度が決定される。

　日本の国際社会保障協定を見る限り，すべてにおいてひたすら①の出身国主義を貫いている。つまり，日本中心である。しかし，ここでこの基本方針は，

いつ，誰が，どこで決めたのか，その理由は何か，どこにも説明がない。前述のとおり，②の場合であるが，出身国の社会保障が無適用になれば，自動的に受入れ国の社会保障のみが適用となり，二重適用の問題は起こらないことになる。国際協定は不要で，国内措置で足りる。

　欧州では，社会保障の二重適用に際しては，③の場合になるが雇用地主義を確立している。伝統的な社会保障の2大モデルであるビスマルクモデルとベヴァリッジモデルでは，適用対象をそれぞれ職域と地域と異にしている。だが，国際移動する人に関しては，雇用地主義に基づいて，現在雇用されている国の社会保障制度のみを適用するという方法が広く一般化されている。地続きの欧州では，現在の居住国と就労国が異なる場合も少なくない。そんな場合も，雇用地主義の原則により問題は解決されている。

　さて，日本に戻って，何故，日本は出身国主義に固執するのか。さすがに，5年以上の長期滞在に関して出身国主義を貫くのは困難である。とすれば，短期滞在で出身国主義を採用することは長期滞在に関する国際調整に蓋をしてしまうことになる。つまり，短期滞在のみを優遇させることで，長期滞在の協定の可能性を狭めていることにもなる。

4. 対象の限定
長期滞在の排除

　人の国際移動に際して，より問題が大きいのは長期滞在者であると思われる。短期滞在者は，海外就労が短いのであるから出身国の社会保障の条件が著しく悪くならない場合である。日本の年金のように25年間の被保険者期間を受給要件としても，5年未満の空白であれば影響は小さいであろう。海外に長期滞在の場合に，この要件が厳しい意味を持つ可能性が高い。それにもかかわらず，長期海外就労者のための措置は何も講じられていない。日本の社会保障からも，就労国の社会保障からも除外される可能性が高くなる。

　例えば，商社マンで開発途上国から先進国まで多くの国々を転々とした場合，たまたま滞在した相手国によって，また，それぞれの国での滞在期間によ

って異なる措置が適用されることになる。

個人移住

　現在の日本の社会保障協定が想定しているのは，日系企業で海外事業所に派遣される日本人労働者である。個人で海外就労する場合，この協定が該当する可能性はより低くなるだろう。まず，日本で継続的に社会保障の適用を受けることは考えにくい。現在居住国の社会保障のみが唯一の適用制度になる可能性が高い。出先国の社会保障が適用されなければ，無適用になってしまう。

　個人によっていろいろな事情があろうが，海外就労があらかじめ5年以内と確定していない場合が多いと思われる。例えば，学生時代に海外に留学し，海外の企業に就職する場合も少なくない。この際には，海外の就労期間は長くなる可能性が高いし，仮に短期の契約であっても，日本の社会保障が適用されていないため，この協定の恩恵にあずかることは考えにくい。

　いずれにせよ，日本の社会保障協定は個人で海外に就労する日本人にとっては，適用しにくい状況が想定される。協定が最も機能するのは，海外に展開する日系企業であることは明らかである。結局，今回の社会保障協定で最も利益を得るのは，従業員を海外派遣する日本企業であろう。二重適用の回避は明らかに企業の利益につながる。海外の高額の社会保険の保険料が免除されることになる。企業の国際競争力の引上げにも貢献するだろう。つまり，二国間社会保障協定は，日本企業の産業育成策を意味することにもなる。もともと，この協定を日本の経済界が熱望してきたことからもこのことは証明されている。

　しかし，社会保障とは市民を保護する制度である。この視点を中心に考えるべきである。国境を越えて移動する国民が社会保障に関して不利益を被らないようにすることが，国際社会保障の目的であるはずである。最も不利益を被る人に影響が及ばないような協定は，高い評価に値しない。

　例えば，フランスでは海外居住のフランス人が生活で困窮した場合，当該国のフランス大使館が窓口となって，フランスの生活保護が適用される[2]。フランス人は世界中のどこにいようがフランス政府が保護してくれる。他にも多

くの先進諸国では，海外の同国民のために母国の社会保障の適用サービスを展開している。日本は生活保護はおろか社会保険でも海外ではほとんど何のサービスも行われていない。

　企業にとっても，個人にとっても有益な二国間社会保障協定を作り上げるべきである。また，個人の場合でも，海外での雇用期間にかかわりなく，すべての関係者の恩恵にあずかる協定を目指さなければならない。特定の条件下の特定の組織だけに利益をもたらすような協定は，早晩破綻するであろう。

5. 掛捨てと権利保持
掛捨ての実態
　厚生労働省や旧社会保険庁の説明の中で必ず強調されたことが，この掛捨てである。せっかく，保険料を支払っていても，最終的に保険給付に至らないことがある。これでは明らかに該当者にとっては不利益となる。しかし，だから二国間協定とはすぐに結びつかないであろう。

　掛捨てになるような制度は，もともとの制度設計に問題があるといえよう。年金の正規の受給要件を満たさない場合は，その状況に応じて比例年金等が準備されている国が多い。あるいは，老齢扶助や何らかの所得保障制度が適用される国が多い。被保険者期間を満たさない場合に，支給額がゼロになって一切の保護がない基本設計に問題がある。日本も25年の被保険者に満たない場合に年金権を認めてこなかったのは，短期滞在の外国人に配慮しない一方的な措置であった。その結果として掛捨てになるからという理由で，相手国の社会保障の適用除外を協定で目指すことは正当な対処法ではないように思われる。それでは，掛捨てとならない相手国の場合は二国間協定を結ぶ必要性が小さくなってしまう。各国の社会保障法規によって対応は異なると思われる。多くの国々の事例を検証して，「掛捨て」がどの程度存在し，どのくらい深刻な状況であるのか，慎重に検討すべきであろう。

　特に欧州の社会保障制度を見る限り，掛捨てのような事態は少ないであろうし，実害は少ないと思われる。むしろ，逆に，最低保証年金や補足給付等によ

って，短期間の割に保障が高くなる場合の方が多いと予想される。受給要件は一般に欧州では緩やかであるし，日本から欧州に行った人が，欧州で掛捨ての被害にあうような事例は少ないと思われる。

　わずかな滞在や居住期間であっても，受給権が認められる可能性が高い。日本では 25 年の被保険者期間がないと受給権が認められないが，欧州ではオランダのように被保険者期間を問わない国々もあれば，イギリスのように問うても数カ月や数年だけであり，容易に受給権が認められる。

　ドイツは労使折半の保険料であるが，多くの欧州の国々では保険料の負担は企業負担がより大きい。したがって，個人負担はかなり少なくなる。さらに，税からの財源化も進み，個人の保険料負担に比較してかなり充実した給付になる場合が多い。基礎年金部分が最低保障されている国々もあり，拠出期間が短い外国人でも予想以上の年金が保障されることがある。老齢扶助制度がある国では，国籍に関係なく扶助が適用される。

　このように，福祉の充実している欧州では，掛捨てよりも二重適用による得も考えられる。二重適用によって得をしてしまった人は，どこにも苦情を申し出ないであろうから，その実態は把握できないものと思われる。各国の社会保障の適用は当該国の運用の問題であり，他の国が関与する問題ではない。

権利保持の原則

　欧州では一般に権利保持の原則があり，一度権利が認められれば，その権利は生涯にわたって維持される[3]。前述のとおり，外国人の脱退一時金には期限が設定されている。帰国から 2 年以内の申請でないと権利喪失となってしまう。日本では，国民の間でも申請手続きには期限が設定されている場合が多い。

　日本にやってきた外国人が恐らくいろいろな損害を被る可能性が高いと思われるが，彼らは本国に帰って行くので，彼らの不満は日本にはあまり伝わってこないはずである。先進諸国と比べれば，外国人対応に関しては日本の社会保障制度に問題が多いことを指摘したい。

6. 日本の課題と展望

　以上のような根本的な問いから，もう一度慎重に日本の基本姿勢を固めていく必要性を感じる。最後に，2つの点を指摘したい。

▍基本方針

　日本は立て続けに二国間社会保障協定を締結した。今後もたくさんの国々と同様の協定を結んでいくことが予想される。その際，一つ懸念されることは，日本政府がこの社会保障協定に際して，基本的にどのような理念の下に，どう対処していこうとするのか，その基本方針が見えてこないことである。諸外国に対しても，日本の基本方針を明らかにしておくことが重要と思われる。ぶれることのない基本方針がないと，将来混乱する可能性がある。一度動き出してしまうと，協定に縛られて身動きできないこともありうる。

　これまでの協定の内容を見る限り，相手国に応じて協定の内容が異なっている。どちらかと言うと，相手国側の意思に応じて場当たり的に協定を締結しているように見受けられる。何故，この国と，何故この順番で，と問われれば合理的な理由は存在しないように思われる。日本側の思惑が等しくても，相手国の事情によって協定の内容が違ってくるのは当然でもある。諸外国に対しても日本政府の基本的な姿勢を示すべきであり，国内でも国民に対してどのような方針で対処するのか明らかにすべきである。

　社会保障協定を，どういう人のために（対象），どのように（方法），何をめざして（目的），どういうタイミングで（時間），進めていこうとしているのか，国内外に向けて明らかにする必要がある。現状では，日系企業のコスト削減のための対策，あるいは，日系企業の国際競争力強化策であるという意味が強く感じられる。労働者個人の保護という側面が弱い。

▍将来ビジョン

　その基本方針に基づいて，今後日本が各国とどのような国際社会保障協定を結んでいこうとしているのか，将来ビジョンを具体的に提示していくことが重

要である。現在の二国間の社会保障協定については，基本的には歓迎すべきことではある。しかし，これはまだ第一歩であると思われる。対象国といい，内容といい，今後もさらに展開していかなくてはならないものである。最初から完全型を実現させなくても良い。できるところから固めていくやり方は仕方ないと思われる。しかし，一歩ずつ完成型の実現をめざしてもらいたい。

まず，今回の短期滞在の場合の相手国の社会保障の強制適用を免除するという措置に政策対象を限定するのか。それとも，これは第一歩であり，長期滞在の場合も含めて広く協定の中に組み入れていくつもりか。海外の無保障の日本人への適用拡大措置を検討するのか。現状では年金協定が中心となっているが，医療保障を含め他の社会保障制度まで対象制度を拡大していくのか。

繰返される社会保障協定を見る限り，協定の基本認識について必ずしも明確ではなく，将来の方向性が見えてこない。日本政府は内外に対して，今後の二国間協定の基本方針と目的を明確に表明すべきである。そのことが信頼できる国への道でもある。相手国にとっても，日本の将来ビジョンが理解されることが信頼関係の構築にもつながる。

【注】
（1）一法律適用の原則については，次を参照。
　　Commission of the European Communities, "Social security for Persons Moving within the Community", Social Europe, 3/92, 1993, p.14.
（2）拙稿「社会福祉の国際化」仲村優一・一番ヶ瀬康子編『世界の社会福祉フランス・イタリア』旬報社，1999年，166-174頁。
（3）権利保持の原則については，次を参照。
　　Commission of the European Communities, op., cit., 1993, p.17.

第5章
国際社会保障政策と日本の社会保障

　社会保障に関しては，国際社会においてもすでに国際社会保障法が形成されてきた。関連する国際機関が独自に社会保障に関する国際的な取決めを成文化し，国際基準を設定してきた。これらの国際法は，本来国内的な性格の強い各国の社会保障制度にとってはまったく異なる重要な意味を持つことになる。本章では，国際社会保障政策の概略を整理し，続いて，日本の社会保障制度を国際基準に照らして評価していきたい。

第1節　国際機関の国際社会保障政策

　国際機関は，独自に社会保障に関して国際条約を採択している。各国政府の国内政策も多かれ少なかれ，こうした国際条約の影響を受けることになる。ここでは，社会保障に関係する主な国際条約等を概観してみよう。

1．国際社会保障法の基本構造
各国の自治
　いかなる国際機関，国際法と言えど各国の社会保障に関して直接介入することはできない。社会保障の領域は，基本的に各国の自治下にあり，当該国の国内問題の一環として各国政府が決定すべきことをあらかじめ確認しておかなければならない。また，社会保障は，各国の歴史，文化，経済，社会，宗教，価値観，地理等に応じて多様であり，ニーズも異なるため，国際的な政策に組み込むことが困難な領域の一つであると言われる。単なる経済格差からだけでは

なく，社会保障のあり方の基本認識が異なるため，国際基準の設定も難しい。

　国際機関が国際基準を設定しても，各国の社会保障に直接は影響しない。各国政府が国際条約を批准することではじめて効力が及ぶ。批准は各国の自由意思に基づき，国際的な強制力はない。

▌国際社会保障法の意義

　ところが，社会保障に関しても国家の枠を超えて国際的な政策展開が近年さらに強く求められている。その理由について，指摘しておきたい。

　第1に，古くて新しい理由として，労働者の国際連帯があると考えられる。ILOの創設時の使命として述べられていたように，労働条件は国際競争の対象としないことを目的として国際基準が設定されてきた。賃金や労働条件と並んで社会保険においても，引下げることで当該国企業の経済的負担を合理化し，国際競争力を高めようとする企業行動を回避することが目指されて国際基準が設定されてきた。

　国際的な経済競争が激化しており，競争条件の公平性の観点からも社会保障の国際基準が求められる。経済力はありながら社会保障が未整備な国は，国民の福祉を犠牲にしながら経済競争で優位を保ち，公正な国際競争を歪めていると解釈される。大方の市民の利益を犠牲にして企業の利益を追求することは，ソーシャルダンピングと言われて非難されている。

　第2に，経済のグローバル化が進展し，人も自由に国境を越えて移動するようになってきたため，自国から離れて就労，居住する外国人の社会保障を保護する必要性が高まってきた。他方，各国の社会保障制度も相互に調整する必要性が出てきた。国際ルールがないと，各国の社会保障から締め出される人や複数国の社会保障の重複適用という事態に陥ってしまう。特に，無保証になってしまう場合，労働者は国際移動を選択しなくなる。世界経済の活性化のためにも，各国の社会保障の調整を行うメカニズムが必要である。

　第3に，社会保障は主として先進諸国に普及しているが，開発途上国では未整備なため，社会問題がより深刻な開発途上国に社会保障制度を普及させてい

くための国際協力や国際援助が求められている。新たに社会保障制度を開発途上国が導入する場合においても，国際基準の設定は貴重な判断材料となる。

特に，欧州ではEU域内での人の自由移動が保障されている。もはや，国境の意味がかつてとはかなり異なってきている[1]。したがって，国境を越えても社会保障制度上も問題が生じないような制度の運用が必要となる。そこで，国際社会保障法が必要となってくる。国と国との間に介入して，移住者の社会保障の権利を保護することが国際社会保障法の重要な役割りとなる。

さらに，国際機関の社会保障関係法は，各国の社会保障を国際的な規範に基づいて導く役割りも担っている。移住する人に限らずすべての人々にかかわることであるが，世界中の国々により良い社会保障制度を普及させていこうとする目的がある。各国際機関の性格や目的によって政策内容も規定されるが，いずれの場合も，国際社会保障法の果たす役割りはますます重要なものとなりつつある。

国際基準の形態

社会保障の領域でも国際基準とは，一般的には法的文書によって規定される。法的文書とは，条約，勧告，協定，合意，憲章，宣言，規約，議定書等からなる。多様な当事者間で多用な法的文書が交わされて来た。この作業を中心的に担ってきたのは，国連とその専門機関である。他方，特定地域でこうした作業を行ってきたのがEUや欧州評議会等である。

各国の社会保障へ影響力を持つ国際基準という点では，実際には直接関係する法的文書はほぼ条約に限定されることになる。つまり，条約において基準要件を満たすことが批准国にとっては法的義務となり拘束されることになる。また，条約実施状況を定期的に国際機関に報告することも条約に基づいて義務化される。ただし，条約以外の法文書であっても，国際社会で認知されたものであるということの意味は大きく，たとえ法的拘束力はなくても各国政府が新たな制度導入や制度改正の時には十分参考とされる可能性が高く，その結果，各国の国内政策の収斂化が実現されてきている。

国際社会保障法としては，統一的な法体系は存在しない。多様な性格を持つ法的文書が国際的な法規範を構築している。一般的には，国際社会保障法は2つの次元に分けて考えられている。一つは「整合化 (coordination)」と呼ばれ，各国の国内法の改正を伴わないで，相互の整合性を技術的に追求していく方法である。もう一つの「調和化 (harmonisation)」は，各国の関連する国内法の改正を伴い直接的な統合を目指すものである。

国際社会保障法の類型

　「国際社会保障法」には，3つの類型があると思われる。第1の類型は，国内法の社会保障法の中で国際関係の規定を盛り込んだ部分である。国内の外国人や海外の国民への国内社会保障法の適用や国際関係を扱っている。あくまで国内法の一部となる。もちろん，この種の部分が国内法にない国もある。外国人に特別の配慮なく国民と同様の待遇をすれば，特別な法規は不要となる。

　第2の類型は，二国間や複数国間での社会保障協定である。一般には近隣の利害を共通にする国々との間で相互の人の移動に対応する法律である。第4章で紹介したように，この次元の法律はこれまでも古くからたくさんの事例がある。特定国と，あるいは，特定産業や特定条件のカテゴリーを対象として，協定を締結する場合があった。

　第3の類型は，国際機関が制定する社会保障関係の法律である。社会保障関係法を持つ主な国際機関としては，ILO，EU，そして，欧州評議会が挙げられよう。これらの機関の法律は，加盟国に対して効力を発揮し，各国の社会保障制度に直接影響を及ぼすものである。この章では，以下で第3の類型について概観していく[2]。

　さらに，第3の類型である国際機関の社会保障法は2つの次元に分けられる。1つは社会保障領域における国際基準を設定することである。国際連合の世界人権宣言から世界人権規約，さらに，欧州評議会による欧州社会憲章，ILOの社会保障に関する条約も多様な原則を設定していった。基本的人権，社会的権利を再確認し，各国が認知するよう求められている。各国が基準を受入れてい

く形で進展していった。

　もう一つは国際的な要請に従って各国の社会保障法に対応を求め調整していく法律であり，より詳細な社会保障の規定に踏み込んだものである。主にEUや欧州評議会が，加盟国間で社会保障制度の「整合化」を行う法律がこれに該当する。

　ILOの社会保障条約は，各国の批准を通して各国の社会保障の「調和化」を進めている。国際的な社会保障の基準については，主としてILOが従事してきた。広く国連が行ってきた活動一般においても，社会保障に関係する部分が少なくない。また，欧州レベルにおいては，EU（欧州連合）や欧州評議会が独自の社会保障政策を展開させている。

2. 国際機関の社会保障政策
（1）国際連合
国連憲章

　1945年に国際連合が設立された。日本は1956年に加入した。国際連合憲章の第1条〔目的〕の3つ目に「経済的，社会的，文化的又は人道的性質を有する国際問題を解決することについて，並びに人種，性，言語または宗教による差別なくすべての者のために人権及び基本的自由を尊重するように助長奨励することについて，国際協力を達成すること」と明記している。

　具体的には，第68条で「経済社会理事会は，経済的及び社会的分野における委員会，人権の伸長に関する委員会並びに自己の任務の遂行に必要なその他の委員会を設ける」とある。これに基づき，人権委員会が組織され，以後の国連の一連の活動に結びついていく。

世界人権宣言

　1948年の世界人権宣言は，条約ではなく直接的な拘束力はないが，国際的な法的規範として重要な基礎となっている。まず，第1条で自由平等に触れ，第2条で無差別平等待遇について言及している。第22条では「すべての者は，

社会の構成員として，社会保障についての権利を有し，かつ，国内的な努力及び国際的協力により，並びに各国の組織及び資源に応じて，その尊厳及び人格の自由な発展に不可欠な経済的，社会的及び文化的権利を有する」と規定している。すべての人が社会保障の権利を有することが確認されている。

そして，第25条でも「すべての者は，自己及びその家族のための食糧，衣類，住居及び医療並びに必要な社会的役務を内容とする健康および福利のための相当な生活水準についての権利並びに失業，疾病，障害，配偶者の死亡，老齢その他不可抗力による生活不能の場合に補償を受ける権利を有する」と明記している。

さらに，第25条の2項では「母及び子は特別の保護及び援助を受ける権利を有する。すべての児童は，摘出であると否とを問わず，同一の社会的保護を受ける」と述べている。ここでは，生存権を保障すべく最低生活保障を想定し，特に母子の保護が強調されている。

国際人権規約

世界人権宣言に基づいて，1966年には国際人権規約が採択され，社会保障の権利，家族・母親・児童の保護，生活水準と食料の保障，健康を享受する権利について，より具体的に規定している。世界人権宣言が各国に強制力を持たなかったのに対して，法的拘束力を担保する手段として国際人権規約が位置づけられる。1966年，国連人権委員会は世界人権宣言の内容に国際社会における法的な拘束力を与えようとし，具体的に2つの領域に分けて採択された。社会権規約と自由権規約である。この規約の第3部で具体的な社会的権利について言及している。

第9条では，「この規約の締約国は，社会保険その他の社会保障についてのすべての者の権利を認める」と規定している。続く第10条では，家族，母親，児童の保護について規定している。第11条では，「この規約の締約国は，自己及びその家族のための相当な食糧，衣類及び住居を内容とする相当な生活水準について並びに生活条件の不断の改善についてのすべての者の権利を認める。

締約国は，この権利の実現を確保するために適当な措置をとり，自由な合意に基づく国際協力が極めて重要であることを認める」と規定している。最低生活保障といえよう。さらに，第12条では，すべての者が健康を享受する権利を有することにも触れている。

そして2条では「この規約の締約国は，立法措置その他のすべての適当な方法によりこの規約において認められる権利の完全な実現を漸進的に達成するため，自国における利用可能な手段を最大限に用いることにより，個々に，または国際的な援助及び協力，特に経済上及び技術上の援助及び協力を通じて，行動をとることを約束する」と述べている。

以上の部分が，国際連合の国際人権規約における社会保障に該当する。また，国際人権規約とは別に，分野ごとに独立した条約や宣言等が採択されていった。以下に整理していこう。

国際連合の保健・社会福祉政策

社会福祉や保健の領域では，国際連合の各機関が政策分担している。保健においてはWHO（世界保健機関）が，児童の領域ではユニセフ（国連児童基金）が，それぞれ独自の活動を展開している。子ども，障害者，高齢者，女性，難民等の主な福祉対象者については，それぞれ宣言や決議等が出されている。だが，これらの規定は各国政府を直接拘束する法的効力を有しない。あくまで一つの国際的な目標，基本理念として位置付けられる。また，各条約に関しても，条約を批准するかしないかは各国政府の裁量下にあり，批准しなくても何ら直接には問題はない。批准した場合に，条約の内容に拘束されることになる。

① 医療・保健

医療や保健，公衆衛生の位置付けは国によって異なる。社会保障の一部と捉えたり，社会福祉と並列に位置付けたり，独自の領域とする国もある。社会権規約第12条は，到達可能な最高水準の健康を享受する権利は中核的な人権であると明記しており，WHOの憲章第1条で同様の旨を目的として掲げている。

具体的には，WHOは感染症対策の一環として予防接種の拡大に尽力してきた。1978年のアルマタ宣言に基づいてプライマリー・ヘルスケアが推進されてきた。その後はエイズ対策が重視されてきた。開発途上国への先進国からの援助としては貧困対策が重要となるが，貧困撲滅の前提条件として保健政策の必要性が指摘されている。

② 子ども

1924年のジュネーブ・子どもの権利宣言で子どもの保護の必要性が明言された。1959年の国連総会で「子供の権利宣言」が採択され，子どもが幸福な子ども時代をおくり自己と社会の福利のために権利と自由を享受すること，その権利を保護するための努力が要請された。子どもの諸権利の一つとして，第4条では子どもの社会保障の権利，健康や医療の権利について触れている。

1976年の第31回国連総会において，1979年を国際児童年と定め，目的と行動計画が策定された。1989年には「児童の権利に関する条約」が採択され，1990年から施行された。日本は1994年に批准している。54条からなるこの条約は，差別禁止，児童の利益優先，調印国の実施義務，父母等の責任・権利・義務の尊重，生命に対する権利，登録・氏名・国籍の権利，身元関係事項保持の権利，父母からの分離禁止，不法移送の禁止と帰還の確保，意見表明の権利，虐待・搾取からの保護，家庭環境を奪われた児童の養護，養子縁組，難民児童の保護，障害児の権利，健康および医療に関する権利，社会保障の権利，生活水準に関する権利，教育に関する権利等，児童の権利・自由・義務等について，広く言及している。

③ 障害者

1971年の第26回国連総会において，精神遅滞者の権利宣言が採択された。精神遅滞者が各種権利を守られるための国内的，国際的な行動を要請している。1975年の第30回国連総会では，障害者の権利宣言が採択された。障害者の権利はより具体的で多岐にわたる内容となった。さらに，1979年には1981

年の国際障害者年に向けて長期行動計画の重要性を協調した。「完全参加と平等」をテーマに設定し，より具体的で長期にわたる方策が国連決議として採択された。

2006年，新たに障害者の権利に関する条約が採択され，2008年5月に発効した。日本は翌2007年に署名しているが，批准はしていない。2011年1月現在で97カ国が批准している。この条約はあらゆる障害のある人の尊厳と権利を保障するものである。広く教育，健康，雇用，文化生活への参加等を含め差別禁止，当事者の自尊心，自己決定権の重視等について明記している。

④ 高齢者

1948年に国連では「高齢者権利宣言」が決議された。援助を受ける権利，居住の権利，食事の権利，衣服の権利，身体及び精神の健康ケアに関する権利，レクリエーションの権利，労働の権利，安定に対する権利，尊敬される権利が掲げられた。1991年には「人生を刻む年月に活力を加えるために」と題して高齢者のための国連原則が決議された。この原則では，高齢者の自立，参加，ケア，自己実現，尊厳について言及している。

1982年の高齢化に関する世界会議において「高齢化に関する国際行動計画」が採択され，同年国連総会でも決議された。世界的な規模での人口高齢化に対処すべく目標と政策について具体的な活動勧告が展開された。さらに，1991年の国連総会で高齢化に関する広範な国際活動計画を実践的な視野から絞り込んで新たに世界目標を打ち立てた。そこでは，基礎構造に関する基本目標をはじめ，広く健康・栄養，住居・生活環境，家族，教育，社会福祉，雇用・所得保障に関する目標をそれぞれ設定した。また，1999年は国際高齢者年として，人口高齢化の国際的な潮流に対応して国際的な連携が強調された。

⑤ 女性・母性

男女間の平等を達成するために，女性に対するあらゆる差別を撤廃するために必要な措置を講ずることが規定されている。世界人権宣言第25条および社

会権規約第10条においても，母性保護が規定されている。1975年は国際婦人年と国連総会で指定され，「男女平等と開発および平和への婦人の寄与に関するメキシコ宣言」が採択された。ここでは30の原則を明示し，各国政府，国連の全機関，地域的・国際的政府間機関および国際社会全体に婦人，男性，児童が尊厳，自由，正義，繁栄の下に生きていくことのできる公正な社会の建設のために献身することを強く要請している。

さらに，1979年の国連第34回総会において，女性差別撤廃条約が採択された。1981年に発効した。日本は1980年に署名し，1985年に批准した。この条約では，法の前における男女間の平等原則を確認し，教育，雇用，保健，経済・社会活動，農村女性，婚姻・家族関係等に関して差別撤廃を明記し，批准国の差別撤廃の義務を規定している。

第3条では，「締約国はあらゆる分野，特に政治的，社会的，経済的及び文化的分野において，女性に対して男性との平等を基礎として人権及び基本的自由を行使し及び享有することを保障することを目的として，女性の完全な能力開発及び向上を確保するためのすべての適当な措置（立法を含む）をとる。」と明記している。さらに，この条約の第4条は，平等を促進するためにとられた特別措置は差別と解してはならないと規定している。

具体的には，同条約第11条が男女平等の権利を指摘し，差別撤廃の措置をとることを明記した。その権利の一つとして，「社会保障（特に，退職，失業，疾病，障害，老齢，その他労働不能の場合における社会保障制度）についての権利及び有給休暇についての権利」を掲げている。

⑥ 難 民

国連は世界人権宣言を受けて，1951年難民の地位に関する条約が採択され，1954年に発効した。日本は1981年に批准した。現在世界で132カ国が批准している。難民の法的地位を規定し，その権利，職業，福祉，行政上の措置に関して難民の権利保全の規定を示している。第33条では，迫害の追放・送還禁止の原則を明記した。さらに，最終条項で紛争解決として国際司法裁判所への

付託にも言及している。

　この条約の第4章は「福祉」について規定している。ここでは等しく当該国民に対して提供されるものと同一の内容で難民にも提供されることを規定している。住居，教育に続いて，第23条は公的扶助に関して平等待遇を規定している。そして第24条は労働法制および社会保障に関して，難民に対して当該国民に対して提供されるものと同様の保障を提供するように規定している。

⑦　移住者

　すべての移住労働者とその家族の権利を保護することを目的として外国人保護条約が，国連で採択された。条約の発効には20カ国以上の批准が必要であるが，いまだに未達成のため発効していない。日本も批准していない。この条約では移住労働者の多様な権利について言及している。社会保障に関しては，次の箇所が該当する。

　27条では，「1.　社会保障について，移住労働者とその家族は，就業国で適用される法律及び二国間ないし多国間条約の規定する要件を満たすときは，就業国の国民に認められているものと等しい処遇を受けるものとする。出身国と就業国の所管官庁は，本項の適用方式を決定するためにいつでも必要な取り決めを行うことができる。
2.　国内法により，移住労働者とその家族に対する給付が認められていないときは，その国は，同様の地位にある国民に認められている処遇を基礎にして，その者の行った拠出相当額を償還する可能性を検討しなければならない。」と規定している。

　28条では「移住労働者とその家族は，その国の国民と平等に処遇されることを基本にして，生命の維持と回復しがたい健康被害の防止のために緊急に必要とされる医療を受ける権利を有する。救急医療は，その者の在留または就業が非正規であるという理由で拒絶されてはならない。」としている。

(2) ILO

　ILOは労働条件における国際基準を世界中に普及することが使命であるが，社会保障は労働者の労働条件の一環として位置付けられる。社会保障政策のみを専門に国際的な事業を展開する国際機関はない。逆に，ILOの社会保障政策は，実際には労働者の社会保障政策に限定されており，これが一つの限界ともなっている。こうした枠組みの範囲内ではあるが，ILOは世界各国を対象に社会保障全般に関して国際基準を設定し政策展開している唯一の機関である。

　ILOは1919年に国際連盟の創設に沿って誕生した。第二次世界大戦後にできた国際連合は多くの国際機関を生み出したが，ILOは第一次世界大戦後に国際連盟とともに創設された歴史のある国際機関である。労働条件の国際化が古くから大きな社会的な重大事であったことが理解できよう。1946年にはILOは国際連合の専門機関として位置づけられた。国際労働基準に関して，多くの条約と勧告を発してきた。国際労働基準の設定とその適用状況の監視がILOの活動対象となる。社会保障についても多くの条約と勧告を抱えている。

社会保障条約の構成

　現状では，ILOの社会保障に関する国際基準としては，各国を実際に拘束する条約の形では102号条約が社会保障全般にわたる最低基準を定め，批准国は条約の内容を維持することが義務付けられる。また，最低基準以上の高い基準は，制度ごとの条約によって規定されている。さらに，より高い基準の給付条件については，拘束力を持たないILO「勧告」で明示している。こうした三段階の国際基準が設定され，各国を誘導しようとしている。

　ILOの国際基準は条約を基礎として，これを加盟国が批准することで法的拘束力を持つことになる。したがって，条約で設定される国際基準は批准しやすいようにするため低い基準とならざるを得ない。それ以上の基準については，「勧告」によって定められ，低い基準を補完する役割を担っている。条約や勧告を発する他にも，ILOは各国にさまざまな技術援助をすることで，労働基準や社会保障の普及に努力してきた。しかしながら，近年の世界的な「規制緩和」

の潮流もあって，ILO の政策は停滞していると言われる⁽³⁾。

▍条約の内容

1919 年創設時の第 1 回の国際労働総会で，失業防止条約 2 号，失業保険に関する勧告 1 号が採択された。批准した加盟国は他の加盟国出身の国内で就労する労働者に対して失業保険給付を自国民と同様に適用することを義務付ける規定を持つ。同年の第 3 号条約は産前・産後の女性労働者の休暇に関して，国籍に関係なく休暇中の手当や介助を受ける権利を認めることを義務付けた。

さらに，1925 年の労災補償に関する平等待遇に関する 19 号条約では，批准国が外国人にも自国民と同様の労災補償を行うことを義務付けることを規定した。その後，産業別，そして，制度別に同様の平等待遇規定を導入していった。具体的には，1933 年の 35 号条約では商工業と自由業における被用者，家内労働，家事使用人のための老齢年金に関する平等待遇を規定し，36 号では農業被用者のための老齢年金に関する平等待遇を規定した。さらに，同年の 37 号では商工業と自由業における被用者，家内労働者，家事使用人のための障害給付に関する平等待遇規定を，38 号では農業被用者のための障害給付の平等待遇規定を盛り込んだ。また，39 号条約では商工業と自由業の被用者，家内労働者，家事使用人のための遺族給付の平等待遇に関する条約，40 号条約では農業被用者の遺族給付の平等待遇に関する条約がそれぞれ締結されている。

1935 年の移民の障害，老齢，遺族給付の権利保全に関する 48 号条約は，外国人と国民の平等待遇に加えて，既得権の保持，権利取得中の権利保全等についても規定した。だが，実際の批准国は少なかった。1946 年の 70 号条約では船員の社会保障に関する平等待遇を規定し，同年の 71 号条約では海外勤務から引退した船員への年金制度の例外的保護扱いを規定している。1949 年の移民労働者に関する 97 号条約では，移民労働者の平等待遇規定の対象として従来の賃金，労働条件，団結権等に加えて社会保障を対象に加えた。

以上の移民への社会保障制度の適用に際して平等待遇を規定した一連の条約を統合・総括して，社会保障の最低基準に関する 102 号条約が採択された。9

つの社会保障制度について最低基準を設定した条約であるが，内外人の平等待遇もこの中に盛り込まれている。ただし，双務主義を前提とする二国間，あるいは，複数国間の協定が存在することを条件付けることを認めている。その後も，1955年の母性保護に関する103号条約も，内外人平等待遇を盛り込んでいる。

1962年の均等待遇条約第118号は，それまでの制度別に勝ち取ってきた成果を社会保障全般に適用させた重要な条約であった。ここでは3つの基本事項があった。第1は内外人の平等待遇，第2に外国人への居住要件を排除すること，第3は外国居住者の社会保障の給付支払いの保証，第4は複数国で取得した社会保障の権利の保全に伴う加盟国の費用負担について規定している。

続いて，1964年の業務災害給付に関する121号条約，1969年の医療及び疾病給付に関する130号条約は従来の規定により高い基準を設定して外国人の平等待遇を規定した。1975年の劣悪条件にある移民の平等待遇措置の促進に関する143号条約は，すべての移民労働者の基本的人権の尊重を規定している。特に，非正規移民の人権保障も盛り込んで，機会と待遇の均等を規定している[4]。

最後に，1982年の社会保障権利保全のための国際システムの確立に関する157号条約が採択されている。この時期には，理念は賞賛されても，具体的な仕組みが十分理解されていなかった。そこで，社会保障の保全条約第157号とそれを補足する社会保障権の保全勧告第167号では，次の3つの規則が盛り込まれている。第1は社会保障における内外人の平等待遇，第2は外国居住者の社会保障の権利保護，第3は社会保障の権利保全である。

（3）EU

国境を越えた社会保障を実際に具体化している最高の事例はEUである。周知のとおり，欧州は一部を除き陸続きであり，古き時代から人々の移動は活発であった。その歴史がEUの法律にも反映されている。

1957年のローマ条約に基づいて加盟6カ国で欧州経済共同体（EEC）が設立

された。小国がひしめく欧州において大国と対抗するため，域内の経済的交流を活性化するために設立された。以後，発展を続け欧州共同体（EC）を経て1992年に欧州連合（EU）となり，加盟国も現在の27カ国からさらに拡大が予定されている。

　社会保障は当然ながら各国の自治に属しEUが直接介入するものではないが，国境を越えた労働者の自由移動を目指すEUでは，人が国境を越えても社会保障の領域で不利益を被らないように調整する政策が展開されていった。社会保障制度においても，すでに各国を移動する人のための各国社会保障制度間の「整合化」が進展しており，共通の「規則」に従って，問題が起こらないように調整されている。社会福祉領域においても，高齢者福祉，障害者福祉，児童福祉等，それぞれの分野でEUレベルの共通政策が展開されてきている[5]。

　社会保障に関しては，域内での労働者の自由移動を阻害しないことを目的に，加盟国の社会保障制度の「整合化」および「調和化」が進められてきた。1972年に改正された社会保障に関する「規則」1408／71と「規則」574／72によって「整合化」が規定されている。この「規則」では，次の基本原則が提示されている。

　第1は一法律適用の原則であり，域内を労働者が移動する場合，各国の法律が重複適用したり，無適用が発生したりする場合が起こりうる。そこで，1人の対象者に関して一つの法律のみが適用されることを規定した。実際には，雇用地主義が採用され，現在雇用されている国の法律が適用されることになる。第2は内外人平等待遇原則であり，国籍による差別を撤廃し社会保障においても当該国民と外国人との差別をしないことを明記した。第3が給付の国外送金の原則であり，国内での居住条件を廃止し，国外の居住者であっても送金してもらえる。そして，第4が資格期間の合算の原則である。社会保障制度の受給要件として，多くの場合，当該制度への加入期間（被保険者期間，あるいは，拠出期間）を設定している。例えば，年金受給のための条件として特定の被保険者期間が求められる場合，諸外国を渡り歩いた移住者は，この要件が満たせずにどこの国の年金も受けられないことがある。そんな時，合算規定の適用によ

って，当該国以外の被保険者期間も含めて要件を満たすことになる。

　ILOや欧州評議会と異なり，EU法は加盟国を強く拘束する。加盟国の国内法とEU法が異なる規定を持っている場合は，EU法が優先される。また，EUは欧州裁判所という独自の司法機関を有しており，法律の解釈と徹底が保障されている。

　他方，社会保障の「調和化」は加盟国の関係する国内法の改正を伴いつつ，EU全体で統一された法体系の下で施行していくものである。「調和化」は非常に困難な法的手段であり，社会保障の領域でも成功事例は少ない。男女平等待遇は雇用をはじめ広く展開されてきたが，社会保障領域においてもEUが強力に推し進めてきた「調和化」の事例である。年金年齢の統一をはじめ各国の法改正を実際に誘導してきた。

　人の自由移動を掲げるEUにおいては，特定の職業や産業にかかわらずすべての労働者が自由移動の権利を認められている。特に最近注目されることは，進捗状況が遅かった職業資格や職業養成課程の「整合化」が進んできたことである。教育制度や職業訓練等は欧州でも伝統的で閉鎖的な性格が強かったが，教育・職業資格の統一的な相互認定制度が進展し，労働者の移動に拍車をかけた。特に，旧社会主義国で最近EU加盟を認められた国々から他のEU加盟国への移住が顕著となってきている。所得格差が大きいことと，旧東欧諸国の経済情勢が依然として悪いことがこの傾向を大きく後押ししている。

　他方，イギリスをはじめドイツやフランス等の国々でも医師や看護師の人材不足もある。特にイギリスは政府をあげて開発途上国も含めて国際的に政府間合意によってリクルート活動を展開している。送出しの圧力と受入れの吸引力が一致すると一挙に移住が進む。

　一部で外国人排斥の主張が強くなってきているが，不況にもかかわらず実際にはむしろ拡大しつつあるのが大勢ではなかろうか。特に，近年の貿易自由化促進により，特定職業資格者においては今後も増えるものと予想される。政策の中心は，外国人の社会的な統合化になってきている。

（4）欧州評議会

　欧州評議会（Conseil d'Europe）は，1949年西ヨーロッパ10カ国が人権，民主主義，法の支配という共通価値観を実現するために加盟国の協調関係の拡大を目的として，フランスのストラスブルグに設立された。2012年3月現在の加盟国は47カ国で，ほとんどの欧州諸国が加盟している。対象となる分野は防衛を除く広い領域にわたり，社会保障も含まれる[6]。

　1950年の閣僚委員会は当時すでに施行されていた加盟国間の社会保障協定を広くすべての加盟国域内に拡張適用させるための専門家委員会を組織し，1953年の欧州社会保障暫定協定の成立に至った。この協定の目的は，協定の調印国国民が他の加盟国の国民と平等待遇を受けること，そして，社会保障に関するそれ以前の二国間協定や複数国間協定の内容をすべての加盟国に拡張適用させることにあった。

　暫定協定は一般的な社会保障制度を対象としており，公的扶助や公務員の社会保障制度や外国の占領による戦争犠牲者への保障制度等は適用対象に含まれなかった。そこで，1954年には，欧州社会扶助・医療扶助協定が施行され，内外人の平等待遇がこれらの制度でも確保された。暫定協定の発展した形として，1959年にはようやく欧州社会保障協定が成立した。世界で最も進んだ多国間の国際社会保障法として高く評価されている。この協定は，以下の規定を盛り込んでいた[7]。

・加盟国国民の平等待遇
・域内での社会保障給付の持ち出し
・医療，年金，失業給付における被保険者期間の合算
・疾病，出産，労災の加盟国内における一時滞在者への現物給付の適用
・加盟国内における労災，職業病の考慮
・按分比例の年金の部分給付
・現金給付における加盟国居住家族の考慮
・加盟国内居住の児童への児童手当適用

以上は社会保障の「整合化」政策の経緯であるが，他方で各国の法改正を視野に入れた「調和化」の政策も進展した。1961年欧州社会憲章が加盟15カ国で批准された。これは1948年の人権宣言や1966年の国連の経済的，社会的，文化的権利に関する国際規約のいくつかの条項と同様のものを含んでいる。ここで示された原則は国内法と欧州評議会法と両方に影響を及ぼした[8]。

　当時西ヨーロッパ17カ国で構成されていた欧州評議会は，1964年にILOの支援を得て，欧州社会保障法典および議定書を採択した。ILO102号条約と非常に似た内容となっているが，より高度の基準を設定している。例えば，ILO条約では9つの制度のうち3つ以上の制度を批准すれば条約全体の批准とみなされたが，欧州評議会では6つの制度の批准を条件とした。その際，制度の重要性から医療は2制度とし，老齢給付は3制度に換算する措置を採用した。また，制度ごとに給付期間や資格期間等に関してより厳しい基準を設けた。

【注】
（1）この点に関しては，次の文献が詳しく考察している。
　　Ferrera, M., "The Boundaries of Welfare", Oxford Univ. Press, 2005.
（2）第1の類型については，別の機会に各国社会保障における国際化対応として整理する予定である。なお，このテーマに関しては，すでに次の資料がある。日本労働研究機構『欧米諸国における外国人労働者等への社会保障の適用』資料シリーズNo.50, 1995年。
（3）萩原康夫「国際連合・国際機関」仲村優一他編『世界の社会福祉年鑑2001年』旬報社，2001年，493-514頁。
（4）（財）日本ILO協会編『講座ILO（国際労働機関）下巻』1999年，295-311頁所収の嶺論文。
（5）障害者権利条約については，次を参照。引馬知子「国連障害者権利条約のEU正式確認」『自由と正義』2010年7月号，15-25頁。
（6）Kessler, F. et als., "Code annote europeen de la protection sociale", Groupe Revue Fiduciaire, 2003.
（7）Nickles,J. & Siedl, H., "Co-ordination of Social Security in the Council of Europe", 2004.
（8）Council of Europe, "Social Protection in the European Spocial Charter", 2000.

第2節　日本の社会保障と国際社会保障

　グローバル化対応の一つの指標として，外国人を社会保障がどのように扱うかが問題となる。日本の社会保障に関係する現状は，国際的な基準に照らしてどのように評価できるのだろう。一つの手掛かりとして，社会保障関連の国際条約に日本がどの程度対応しているか，その採択，批准の状況を整理することで，日本の社会保障の国際的な評価が可能となる。

1．国連条約と日本
▎国際人権規約[1]
　前掲の経済的及び文化的権利に関する国際規約（社会権規約），そして，市民的及び政治的権利に関する国際規約（自由権規約）と同規約議定書については，日本政府は1966年12月16日にそれぞれ署名した。したがって，日本政府も「この規約において認められる権利の完全な実現を漸進的に達成するため，自国における利用可能な手段を最大限に用いることにより，個々に又は国際的な援助及び協力，特に，経済上及び技術上の援助及び協力を通じて，行動をとることを約束する（2条）」という規定に従うものである。

▎その他の国連人権条約
　国際人権規約と前後して，日本は社会福祉・社会保障領域の条約を順次批准した。まず，1951年7月28日に国連で採択された難民の地位に関する条約は，1981年に日本の国会で承認され，1982年より発効した。あらゆる形態の人種差別の撤廃に関する条約は，国連で1965年12月に採択され，1969年に発効した。日本では1995年に署名し，1996年1月に発効した。さらに，女性に対するあらゆる形態の差別の撤廃に関する条約は1979年12月に国連で採択され，1981年に発効した。日本は1980年に署名し，1985年7月に発効した。
　拷問及びその他の残虐な，もしくは非人道的な品位を傷つける取扱いまたは

刑罰を禁止する条約は，1984年12月に国連で採択された。しかし，日本では承認されていない。児童の権利に関する条約は，1989年12月に国連で採択された。日本政府は1990年に署名し，1994年5月22日発効している。

児童の権利に関する条約は，国連で1989年に採択され，1990年に発効した。日本は1994年に批准している。2006年に国連採択，2008年発効の障害者の権利条約は，日本は2007年署名しているが，まだ発効に至っていない。

最後に，すべての移住労働者及びその家族の権利保護条約は，1990年12月に国連で採択されたが，加入する国が20カ国に満たないため発効していない。日本政府も署名していない。

2. ILO条約と日本の社会保障

日本が批准しているILO条約[2]

ILOは労働者の労働条件に関して国際労働基準を設定している。労働者の権利の一環として社会保障に関しても，多くの条約や勧告を発している。それらの関連規定の中で，日本の批准状況について概観してみたい。

日本政府がILO条約の社会保障関係で，特に本書のテーマである外国人対応に関わるような条約のうち，批准した条約は，わずかに次の3条約のみである。まず，失業に関するILO2号条約は，失業保険に関して批准国が他の加盟国の領土内で労働する場合，同国民と同様の保障を提供することを手続き化するように規定している。1919年のILO創設時の条約であり，55カ国が批准している。日本は1922年にこの条約を批准している。

続いて，労働者災害補償における平等待遇に関するILO19号条約は，1925年に制定され，日本は同年に批准した。労災に関して締約国出身の外国人に対しても当該国国民と同様に補償が提供されることを規定している。批准しているのは119カ国存在する。

さらに，業務災害に関するILO121号条約は，業務災害の給付に関して，加盟国は領土内の外国人に対して国民と平等待遇を認めることを規定している（27条）。1964年に制定され，22カ国が批准している。日本は1974年に批准し

ている。

　以上の3つのILO条約はいずれも各制度に関して内外人の平等待遇について規定している。いずれも労働保険であり，批准しやすいものであった。なお，外国人平等待遇に限らず社会保障全般に関しては重要な1952年の社会保障の最低基準に関する102号条約は，周知のとおり日本は批准している。9つの社会保障制度のうち，日本は傷病，失業，老齢，労災を批准し，この条約自体も批准している。

日本政府が批准していないILO条約

　ILO条約の中には，移住労働者の社会保障制度の適用に関して，他にもたくさんの条約を制定している。下記のとおりであるが，これらの条約をすべて日本政府は批准していない。

- 産前産後の女性の雇用に関する3号条約（1919年）
- 商工業，自由業における被用者，家内労働者，家事使用人のための強制老齢保険に関する35号条約（1933年）
- 農業における共生老齢保険に関する36号条約（1933年）
- 商工業，自由業，家内労働者および家事使用人のための強制障害保険に関する37号条約（1933年）
- 農業における被用者のための強制障害保険に関する38号条約（1933年）
- 商工業，自由業における被用者，家内労働者及び家事使用人のための強制寡婦，孤児保険に関する39号条約（1933年）
- 農業における被用者のための強制寡婦・孤児保険に関する40号条約（1933年）
- 非自発的失業に対する給付の確保に関する44号条約（1934年）
- 移民の障害，老齢，寡婦および孤児保険に基づく権利の保全のための国際的制度の確立に関する48号条約（1935年）
- 海員の疾病，負傷，死亡の場合における船舶所有者の責任に関する55号条

約（1936 年）
・船員の社会保障に関する 70 号条約（1946 年）
・船員の年金に関する 71 号条約（1946 年）
・移民労働者に関する 97 号条約（1949 年）
・母性保護に関する条約改正 103 号条約（1952 年）
・農園労働者の雇用条件に関する 110 号条約（1958 年）
・社会保障に関する内外人平等待遇に関する 118 号条約（1962 年）
・医療および疾病給付に関する 130 号条約（1969 年）
・劣悪条件にある移民および移民労働者の機会及び取扱の均等促進に関する 143 号条約（1975 年）
・社会保障の権利保全のための国際システム確立に関する 157 号条約（1982 年）

　これらの条約は外国人の社会保障の取扱いを国民と同様にすることを規定し，あるいは，外国人の社会保障の権利保全を認める規定であり，外国人にとっては特に重要な規定である。2011 年現在で，ILO 条約は 189 採択されている。このうち日本が批准しているのは 48 の条約のみである。

　これら多くの条約を批准しない，あるいは，批准できないということは，一般的な労働条件が先進諸国としてはまだ不十分であることを意味し，外国人の問題に関しても不十分な取扱いの可能性を示唆している。多くの欧州諸国のように，国内法が内外人平等待遇原則に従って運営されていれば，上記の多くの条約は自動的に批准可能となるはずである。日本は，この間ほとんど改善されないままで，今日に至っている。

3. 小　括

　日本においては，外国人への社会保障制度の適用についてはまだ問題を残している。社会保険関係制度は，おおむね外国人へも制限はなく適用されているのが実態であるが，1 年以上滞在が見込まれる合法的な外国人を前提としている。不法滞在の外国人には多くの場合，適用が制限されている。欧州では，内

外人平等待遇の原則から国民と外国人の間で平等待遇を認め，さらに，国によっては非合法外国人にも平等に取扱う方向に向かっていると言われている[3]。

　ILO条約にしても，社会保障関係で日本が批准している条約は数少ない。アジアの状況を想定すれば，日本は社会保障が整備された優等生である。しかし，先進国の状況を前提とすれば，日本の社会保障はまだ立ち遅れていると言わざるを得ない。世界をリードする立場とはかけ離れている。

　国民年金，児童手当，児童扶養手当，国民健康保険は外国人にも適用される。だが，実際には適用は低調であり，半数以下の外国人しか適用されていないと言われている。未加入外国人の増加，保険料の未納や滞納，医療費の未払い等多くの問題が山積みである。短期滞在を繰り返す外国人が多いことも適用を難しくしている。

　労災は不法滞在外国人にも適用されたことがあるが，一般には，不法就労の発覚を恐れて企業も労災を申請したがらない。もとより日本では労災隠しが横行しており，不法滞在外国人も巻き込まれる可能性がある。結局，不法滞在外国人は社会保障から適用除外されている。もはや人権問題である。

　就業形態の多様化から，社会保障の空洞化は日本国民の間でも拡大しつつある。外国人もこの流れに沿って，適用除外の対象に入ってしまうことが多い。日本の社会保障制度の外国人対応は緊急の課題となりつつある。

【注】
（1）山本草二編『国際条約集』1999年，57-69頁。
（2）(財)日本ILO協会『講座ILO上下巻』1999年を参照。
（3）高藤昭『外国人と社会保障法』明石書店，2001年，94頁。

第6章
医療・福祉従事者の国際移動

　社会保障のグローバル化には，もう一つ重要な側面がある。社会保障や社会福祉を担い，サービスを供給するスタッフ側のグローバル化である。医療や介護等における人材の国際移動がより大規模化しつつある。つまり，社会保障の受給者ではなく供給者側に外国人が入ってきているということである。

第1節　貿易自由化と社会保障

　社会保障という極めて国内的な社会政策と貿易政策のような極めて国際的な政策は，一般的には対極をなす。ところが，グローバル化の時代には，各国の社会保障制度はますます貿易政策の直接的な影響の下にさらされている。

1. 国際競争力を規定する社会保障
▌ソーシャルダンピング
　社会保障は，以前から競争要因として重視されてきた。企業は社会保険の保険料の大きな負担をしてきた。多くの欧州諸国では労使の負担割合は労使交渉の案件となり，制度改革のたびに労使で対立することになる。その結果，例外を除いて多くの国々では使用者の負担割合がかなり大きくなっている。欧州の福祉国家では，高い社会保障のために企業が負担する額が高く，欧州企業の国際競争力を弱めてきた。
　逆に，国際社会においては，ある国が社会保障の企業負担が低いと，国家ぐるみの不当な競争を展開していると非難されてきた。労働時間や賃金，その他

の労働条件と並んで，社会保障は「ソーシャルダンピング」の対象となってきた。国民の生活を犠牲にして，国家と企業が結託して，国際競争を有利に勝ち抜いているとの批判である。

　もちろん，国際競争力を形成するのは社会保障だけではない。賃金水準，生産性や労働者の熟練等，多くの要素が競争力を決定する。そして，すべての競争要因が異なる上で国際競争の均衡が成り立っている。例えば，ドイツは賃金や社会保障の企業負担が高くとも，生産性や技術が高いとか。開発途上国では，賃金は安く社会保障は整備されていないで企業の負担は小さいが，生産性が低く，人材が不足するとかいった具合である。

　実際には，社会保障の企業負担はより大きな意味を持つ。例えば，EUの共同市場においては，競争が激化して国内企業の保護・育成のため，国が企業の社会保障拠出を減免するような措置も見られた。失業対策の一環として，企業が新たな雇用を創出する場合に，特定の社会保険料を免除・軽減する措置も見られた。EUにおいては，こうした国家政策が不公正競争として，欧州裁判所で敗訴し停止されたこともあった[1]。だが，より巧みな手段で法律に抵触しないように，社会保障の企業負担を軽減するような対策が繰返されてきた。

　特に，欧州では社会保障の企業負担は大きく，他の競争要因よりもより大きな影響力を持つ。しかも，この種の措置はさしあたり国内では誰も反対しないし，政権の決定で実行できる。これによって，失業率が見かけ上でも下がり，企業が好調を保てば，政権の評価は高まる。社会保障の財政が悪化するのはそのしばらく後の話であり，次の政権かもしれない。

　また，国際経済の側面から，社会保障の企業負担が低いということは，外資系企業の誘致策にも相当する。例えば，アメリカや日本の企業が欧州に進出を企てる場合，他の条件があまり変わらなければ，社会保障の企業負担が低いところを目指して進出する可能性が高くなる。かつては，税的優遇措置が同様の機能を果たしていた。今では，社会保障が企業誘致の意味を持つ。

国際社会保障協定

　日本でも急速に展開した二国間の社会保障協定にしても，その背後には同じ理由が存在している。企業従業員の海外派遣に際して，社会保障の二重適用による保険料の二重払いを調整し，一本化することは企業にとって大きなコスト削減となる。ましてや，社会保障の先進諸国に進出する企業は莫大な保険料負担の強制から免除されることになる。当該企業の国際競争力引上げに大きく貢献するに違いない。

　この事実を逆手にとって，特に経済開発が遅れ気味の国々は進出著しい先進諸国と二国間の社会保障協定の締結に積極的である。他国に先駆けて社会保障協定によって強制適用の免除があれば，企業誘致に極めて有利な立場にあるからである。他の条件が等しければ，外資系企業は社会保障協定のある国を選ぶことで，社会保障の強制適用から除外され，企業拠出を免除される。つまり，安上がりで生産，事業活動が展開できるのである。多くの国が競うように社会保障協定の締結に向けて動いているのは，このためである[2]。

　例えば，日本とチェコの社会保障協定の場合，チェコから日本へ進出している企業は数少ないと思われる。したがって，日本の社会保障の強制適用を免除してもチェコ側のメリットは大きくないだろう。それでも，チェコ政府が日本との社会保障協定に積極的だったのは，日本の企業にチェコに進出してもらいたかったのであろう。社会保障の強制適用の免除が日系企業の誘致策となり，日本の莫大な資本がチェコに投資されることになる。これこそが，チェコ政府の意図であったものと思われる。

　現在急速に展開している国際的な社会保障協定は，問題の被害者である社会保障の受給者，適用者からの訴えによって進展しているのではない。企業の保護・育成と国家の貿易政策の一環として協調されていると理解すべきである。

2. 貿易自由化と人の国際移動

　多様なレベルで国際化対応に迫られているが，その中でも福祉や医療に関係する職場に外国人が入ってくるという動きが急速に展開している。フィリピン

やインドネシアから看護師や介護福祉士がそれぞれ数百人の単位で受け入れられようとしている。何故，このような事態になっているのかわからないまま，国民の合意形成があるとも思われない中，トップダウンで進行している感がある。医療や福祉の現場に外国人が入ってくるということが，多くの業界関係者の反対にもかかわらず，一方的に進行しつつある。こうした外国人看護師や介護福祉士の受入れには，FTAやEPAといった貿易政策の影響がある。

　外国人労働者の受入れについては，これまでも議論が長く展開されてきた。この議論は，まず国内の労働事情ありきで，それに基づいて外国人をどうするかの議論に発展していったと思われる。つまり，国内で人出不足があり，日本経済を支えるためには外国人労働者が必要であるとの主張であった。今回の議論では，国内情勢以前に，国際環境から議論がスタートしているように思われる。FTAやEPAという貿易協定の一環として，諸外国から人の受入れを要求されて，国内の受入れを検討している。

▎社会背景

　戦後の世界経済は，貿易の自由化とともに成長を続けてきた。当然ながら保護主義に直面しながらも，新たな自由化を模索し続けてきた。歴史的には，オランダ・ベルギー・ルクセンブルクが1948年にベネルクス関税同盟に調印し，1960年には関税に加えて労働力，資本の自由化を盛り込んだベネルクス経済連合が発足したことが先駆けであった。

　1957年ローマ条約によるEECの成立に際しても，創設6カ国のうちの3カ国として大きく貢献した。欧州では隣接する諸国間からEU全体に至るまで，多様な貿易政策が採られてきた。EUは，域内の経済の活性化のため貿易や経済政策に関して共通する政策を展開してきた。その意味では，貿易・経済政策に社会政策が連動していたといえよう[3]。

　世界的にも，貿易の自由化を目指してWTOはじめ，いろいろな組織や国々の間で対策が練られてきた。とりわけ，世界的な経済不況が深刻な現在，貿易をより自由に促進し経済を活性化することが，世界全体にとっても望まれるこ

とである。貿易の自由化が進んでいる国ほど，経済成長率が高い水準を記録している事実がある[4]。今回の議論もこの脈絡の上から始まった。

　急速な勢いで自由貿易協定（FTA）が締結されてきた。特に，欧州や南北アメリカにおける動きは活発である。日本はこうした国際的な動きには反応が鈍いと言われてきた。例えば，経済のグローバル化指数を見ると，アジア諸国と欧米先進諸国の31カ国中で日本は28位とされている[5]。こうした日本のグローバル化の遅れは，日本経済の国際競争力をさらに引下げてしまうことが懸念される。もはや，日本もFTAそしてEPAに積極的に乗り込んでいかなければならなくなっている。

　貿易の対象としては，工業商品や農産物が中心的に扱われてきた。だが，「モノ」，そして「カネ」に続いて，「サービス」も貿易対象となる。サービスもまた商品化され，輸出・輸入の対象となる。現代社会は，言うまでもなくサービス産業が拡大し続ける時代である。今回取り上げる看護師や介護士もサービス提供者ということになり，その国境を越えた移動はサービス貿易の一環とみなせる。

▌サービス貿易に関する一般協定（GATS）

　サービス貿易が世界的に拡大している。世界貿易で見ても，全体の貿易の約2割はサービスの貿易によって占められている。サービス産業の拡大に伴い，サービス貿易の発展は世界経済を活性化させると見込まれている。また，モノの貿易と異なり，サービスの貿易は資本，労働，技術，経営資産等の移転を伴うため，開発途上国への開発効果も期待される。

　1995年1月に，WTO協定の1つとして，サービス貿易に関する一般協定（GATS）が発効した。この協定は「加盟国は世界経済の成長及び発展のためにサービスの貿易の重要性が増大していることを認め，透明性及び漸進的な自由化の条件の下でサービス貿易を拡大することを目的とする[6]。」

　また，「この協定は，いずれの加盟国についても，締約国間で労働市場の完全な統合を行うための協定の締約国であることを妨げない[7]」と述べている。

ここで，当該協定で締約国の国民に対して居住，就労の許可のための要件の免除等が想定される。

さらに，国内規制に関して，以下のように規定している。「サービス貿易に関する理事会は，資格要件，資格の審査に係る手続き，技術上の基準及び免許要件に関連する措置がサービスの貿易に対する不必要な障害とならないことを確保するため，同理事会が設置する適当な機関を通して必要な規律を作成する。当該規律は，これらの要件，手続及び基準が特に次の基準に適合することを確保することを目的とする。

(a) 客観的な，かつ，透明性を有する基準（例えば，サービスを提供する能力）に基づくこと。
(b) サービスの質を確保するために必要である以上に大きな負担とならないこと。
(c) 免許の手続きについては，それ自体がサービスの提供に対する制限とならないこと。」

他方，この協定では当該国政府に対する規定として，第16条では，「市場へのアクセス」に関して，政府がとるべきでない政策として次の点を挙げている。

(a) サービス提供者の数の制限
(b) サービスの取引総額または取引資産の制限
(c) サービスの事業の総数または指定された数量単位によって表示されたサービスの総産出量の制限
(d) サービス提供に必要であり，かつサービス提供に直接関係する自然人の総数の制限
(e) サービスを提供する事業体の形態の制限
(f) 外国資本の参加の制限[8]」

さらに，内外人平等待遇に関して触れ，他の加盟国からのサービス提供者に対して，自国のサービス提供者と同等の待遇をし，不利を与えないことが確認

されている。「加盟国は, その約束表に記載した分野において, かつ, 当該約束表に定める条件および制限に従い, サービスの提供に影響を及ぼすすべての措置に関し, 他の加盟国のサービス提供者に対し, 自国の同種のサービス及びサービス提供者に与えるよりも不利でない待遇を与える[9]」としている。

WTOのサービス貿易交渉

2000年1月, WTOの場でサービス貿易交渉が開始された。2001年11月には, ドーハ・ラウンドが立ち上げられた。各国がサービス貿易に関する要望を表明し, その要望に対する自由化分野を示し, その後, 分野別の本格的な交渉が始められた。2005年には香港閣僚会議において努力目標と複数国間交渉に合意された。特に, 金融, 通信, 流通, 海運, コンピューター等さまざまな分野でさまざまな要求が交わされた。その後, 1対1の交渉から, 集団と集団との交渉となって進展してきている。日本政府は, 海運と建設部門で議長国となった。

開発途上国側では, 外国人専門家の移動の自由化を強く求めていた。日本へもこの要請が寄せられている。人の移動に関しては, インドが議長国になっている。WTOは物品貿易に関しては最恵国待遇を原則として, すべての加盟国に同じ関税率を適用させるものである。

OECDにおいてもサービス貿易の取組みが議論されている。計量経済モデルを用いたサービス貿易制限指標（STRI）を開発した。2009年6月には, コンピュータ関連, 電気通信, 建設, 自由職業サービスの4分野に関してパイロット的に指標化分析をしている。現状では, 法律, 会計, 建築, エンジニア等の自由職業サービスの規制を判断する際に, 各国制度の違いを考慮している。

遅れてAPECは, サービス貿易に関する取組みを始めた。2009年2月のAPEC貿易・投資委員会で, アメリカとオーストラリアがサービス貿易の促進を提唱した。APEC域内におけるサービス取引に関して, 障害を除去し, 取引を円滑化することを目指した活動計画が策定された。

WTOではサービスも貿易対象として考えているが, モノと違いサービスの貿易は以下の4つのパターンがあるとされている[10]。

① 越境取引，アウトソーシング
② 越境取引，海外で消費
③ 業務上の拠点を通じてサービス提供
④ 自然人の移動

　①のタイプはサービス提供者が直接海外に出て行く必要がなく，本国にいたままで海外の消費者にサービスを提供するものである。つまり，人が移動しなくてもサービスは提供できる。タイプ②では，サービスを受ける消費者が海外に出て行って外国でサービスを受けるものである。③のタイプは提供者が海外に出ていき，現地に拠点となる組織を作りそこでサービスを提供するものである。企業の海外進出の際の駐在員を想定できよう。最後に④のタイプは，自然人として外国に出ていき，現地でサービス提供者に加わり，そこでサービスを提供するものである。この④のタイプが，今注目されている自然人の国際移動となる。

　ここで対象としているサービス提供としての人の移動は，一時的なものに限定されている。永続的な市民権や，居住または雇用に関する措置はこの協定の対象から除外されることである。また，受入れに際しては，国内の場合と同等の待遇をすることも明記されている。さらに，WTOではサービス貿易の対象として，具体的な12分野が示されている。その中に「健康に関連するサービスおよび社会事業サービス」という分野があり，現在議論になっている看護師や介護福祉士もこの分野に位置付けられる。

FTA・EPAと人の移動

　すべての加盟国間で平等な待遇の適用を原則とするWTOの政策を補完して，特定地域間で自由に協定を結べるFTAが広く展開している。FTAとは，特定の国や地域の間で物品の関税やサービス貿易の障壁等を削減・撤廃することを目的とする。他方，EPAは，特定の二国間または複数国間で，域内の貿易・投資の自由化・円滑化を促進し，水際および国内の規制の撤廃や各種経済

制度の調和等，幅広い経済関係の強化をめざす。EPAの方が対象とする範囲が広く，FTAはEPAの一部を構成すると考えられる。そして，EPAに含まれる一領域が人の移動ということになる。

WTOが最恵国待遇を原則として加盟国がすべて同じ関税を適用されるのに対して，FTAでは条約締結国間でのみ条約が適用され，他の国々には適用されない。つまり，特定の共通利害の国々がより自由度の高い政策を個別に展開することが可能である。国際競争においては差別化を実現することになる。EPAやFTAの目的は，経済の活性化であり，貿易振興を通じた経済力の拡大である。このことは各国経済や世界にとっても非常に重要なものである。

FTAやEPAの動きは世界的な潮流である。WTOに報告されているFTAは，1970年には20件であったが，1990年段階で46件，2008年12月時点で230件となっている[11]。特に，2000年以降にも急速に拡大を続けている。内容も関税をはじめ経済・貿易政策に関して広範に及び，影響力はますます大きくなっている。FTAやEPA次第で，各国の経済力が左右されるため，近年は各国が競って条約の締結を進めてきている。

FTAの協定は元来貿易政策の一環であるが，広くこれに関連する分野に及ぶEPAにおいては人の移動に関する規定も含まれている。そこでは，短期の商用訪問者，企業内転勤者，投資家，自由職業サービス従事者，契約に基づく一時滞在者，そして，看護師や介護福祉士の6つの区分に関して，協定相手国から労働者の受入れと一時的滞在が許可されることになる。

【注】
（1）欧州統合との関連では，次を参照。
　　拙著『国際社会保障論』学文社，2005年，186頁。
（2）協定の締結によって節約された日本企業の負担減は約957億円と言われる。次を参照した。
　　渕上茂信「社会保障協定締結の意義と今後の課題」JETRO『日本貿易会月報』No. 680，2010年4月号，50頁。
（3）この点について詳しくは，拙著『欧州統合と社会保障』ミネルヴァ書房，1999年を参照されたい。

（4）外務省「サービス協定」2006年8月，5頁。
（5）浦田秀次郎編『日本のFTA戦略』日本経済新聞社，2005年，31頁。
（6）サービス貿易に関する一般協定（GATS），前文。
（7）サービス貿易に関する一般協定，5条2項。
（8）サービス貿易に関する一般協定，6条4項。
（9）サービス貿易に関する一般協定，17条1項。
（10）外務省「前掲書」2006年，7頁。
（11）外務省「日本の経済連携協定」2009年10月，3頁。

第2節　EUにおける医療・福祉従事者の国際移動

　看護師や介護士の養成は，本来的には各国政府が行うことである。しかし，もう一つ別の方法もある。外国人の受入れである。世界的には程度の差こそあれ，かなり前から行われてきたことである。ここでは，労働者の自由移動を展開しているEUを題材に，看護師や介護士の国際移動を紹介していく。

　職業資格とは，通常，国家資格であり，国内でのみ有効になる。国際的に認知され効力を発揮するような職業資格は例外的にしか存在しない。しかし，これに挑戦する試みが欧州で展開されている。資格を統合化させることで，労働者の自由移動を促進させようというものである。

1．EU労働政策の基本構造
▌前提条件

　EUの事例を議論する際，3つのことを認識しておく必要がある。第1に，EUは国家連合体であり，EU自体が看護師や介護士を養成しているわけではない。あくまでもEUは加盟各国の政策の調整を行う役割りに限定される。

　第2に，EUの政策としては，本テーマはいくつかの部局にまたがるものである。社会保障政策よりも労働市場政策や教育・職業訓練政策，移民政策，労働・生活環境政策と広い分野に関係する。さらに，看護師と介護士は必ずしも同列で議論されていない。Health Workersの部門とCare Workersの部門であり，EUの政策の位置づけも若干異なる。政策分野，また，職業領域によって政策の進捗状況がかなり異なるため，統一的な評価が難しい。

　第3に，EUが議論する自由移動はあくまでも域内，つまり，加盟国間を想定している。ただし，一部加盟予定国，加盟候補国はすでに政策によっては政策対象に組込まれている場合もある。その他多くのEU加盟国以外の国々との関係も当然ながら重要であるが，EUの主たるテーマではなく，基本的には各国政府の自治に委ねられる。

労働者が国境を越えて自由に移動でき，経済を活性化させることが，EEC設立当初からの目的であった。この目的を達成するために，EUは長年にわたり労働者の自由移動を阻害する要因を除去しようと行動してきた。しかし，これには多くの障害があった。社会保障が移動する労働者に不利益をもたらすことや職業資格の認定が行われないことも大きな障害であった。そこで，社会保障に関しては各国の社会保障制度の「整合化」によって，職業資格に関しては相互認定等によって，国際移動の障害を除去しようとしてきた。

教育や職業訓練，職業資格については，各国とも長年の伝統があり，容易に欧州レベルで統合できるものではない。教育部門はEUの政策の中でも最も統合が遅れた領域と言われてきた。だが，その教育部門でも遅ればせながら統合の機運が高まってきた。

EU加盟国も等しく人口が高齢化傾向にある。医療や介護領域での人材へのニーズは明らかに拡大しつつある。したがって，労働市場は供給不足である。他方，旧東欧諸国が一挙にEUに加盟したことは，この領域での労働市場に大きく影響を与えつつある。医療・福祉分野でも人材供給国になりつつある。

新しい活動計画

2000年に，後述のとおりEUはリスボン会議を開き，新たな局面を迎えた。この時のソーシャルアジェンダでは[1]，雇用開発，職場環境の改善，貧困対策，社会保障の現代化，男女平等の推進，EU拡大と対外関係の側面からの社会政策の各政策課題が掲げられていた。その最初に「雇用開発」を掲げ，「欧州市民の移動を促進する」ことが強調された。

2005年の新たなソーシャルアジェンダでは，2つの優先分野として「完全雇用への移行」と「より統合的な社会」を掲げた。「完全雇用への移行」に関しては，いろいろな提案の中で欧州労働市場の形成を強調し，域内の人的資源への投資拡大，欧州レベルでの職業紹介サービスのネットワーク化等に触れている。もう一つの優先分野「より統合的な社会」に関しては，後で詳しく紹介する。

こうして，EU域内での熟練・技能の統合化は進められていった。ただし，その中心は「知識集約型産業」であり，実際には情報，通信等の新技術の領域であった。対象も主に若年者に置かれていた。介護福祉士の領域は，大きな欧州労働市場の流れに乗った形で展開していった。

介護労働とは，労働政策一般からすればかなり特別な領域であった。まず，女性が多数を占めること，必ずしも若年者に集中していないこと，賃金や労働条件はあまり良くないこと，伝統的な価値観が強いこと等の特徴を持つ。そんな介護労働もいよいよ国際化の波が押し寄せている。

2. 職業資格認定の統合化政策
欧州熟練と移動活動計画

2000年のリスボン会議における新たな雇用政策を受けて，労働者の自由移動をさらに推し進める対策が講じられた。欧州レベルでの労働者の移動をより活発化するために次の3つの基本政策を2005年までにとることを明記した。

① 職業的な移動と熟練開発を拡大させること
② 雇用機会に関する情報提供と透明性を改善すること
③ 地理的な移動を容易にさせること

それぞれの政策に関して，具体的に多様な対策が講じられた。まず，①の「職業的な移動と熟練開発の拡大」に関しては，すべての人が教育や職業訓練にアクセスできるように組織改革を提案している。より高等な教育，生涯学習，職業訓練を進めることが，労働者の移動を背後から後押しすると理解している。②の「雇用機会に関する情報提供と透明性を改善する」施策としては，特定の職業に関して，欧州域内のインターネットサイトを立ち上げることが提案された。オンライン求人システムの開発とEU内で統一的な職業分類の開発が掲げられた[2]。

③の「地理的な移動を容易にさせる」政策としては，「欧州健康保険証」の創設，合算が認められる補足年金権の設定，職業資格認定の明確化と単純化，

地域間移動の税制改革，外国語教育の徹底，労働協約における職業資格に関する地域限定や国籍制限の廃止等が挙げられていた。

以後，新ソーシャルアジェンダと関連して，2006年は「欧州労働移動年」として，当該政策の大々的な普及宣伝活動が展開された。そして，新たに「欧州職業移動活動計画 2007-2010」が策定された。

▎欧州労働移動ネットワーク（EURES）

2002年12月23日の欧州委員会「決定」により，EU域内における国家間，地域間の求人募集，求職活動を通して，職業資格の取得や生活環境に関する情報交換を可能にし，すべての欧州市民が欧州労働市場にアクセスできるようにするために「欧州労働移動ネットワーク（EURES）」が構築された[3]。

このEURESプログラムは以前から導入されていたものであるが，実際には十分機能してこなかった。今回の「決定」では，施行対象が加盟27カ国に，ノルウェー，アイスランド，リヒテンシュタインにスイスも加えて拡大された。さらに，このネットワークの運営をより地方分権的な構造にし，国や地域の雇用サービス関連組織の他に，労使団体や各種専門機関も取り込んで組織拡大した。そして，広くなったネットワークを「欧州HEURES事務所」が統合し，調整することになった。雇用職業情報の統合，就職サービスの統合を目指して，2003年に「EURES憲章」[4]が作成された。統一的なフォーマットをすべての加盟国の関連機関に周知徹底させるためであった。

▎移民支援サービス（EUROPASS）

2004年12月15日の欧州理事会および欧州議会の職業資格と職業能力の透明性のための単一枠組み（EUROPASS）に関する「決定」2241／2004号[5]が採択された。これにより，特定の加盟国で取得した職業資格が，相応する欧州レベルで共通の資格として認識されることになり，他の加盟国での就業を後押しすることができるようになった。

こうして誕生したのがEUROPASSであり，すべての欧州市民が自分の技

能・熟練や職業資格を欧州いずれの国においても明らかにできる統一的な証明書の役割を担ったのである。EUROPASS とは，具体的に5つの資料を含むものである。履歴書，移動歴，高等学位，職業歴証明，言語証明である。EUROPASS は EU がインターネットポータルを利用して支援している。

2005年9月7日の「指令」[6]によって，欧州労働市場をより弾力的にするために各国の職業資格の認定制度を導入した。まず，一般的な制度として，職歴を5つの段階に分類して，各国の職業訓練・教育がどのレベルに相当するか認識できるようにした。また，特定の職業資格に関しては相互に自動認定制度が構築された。ここで，自動的に職業資格が認定されるのは，医師，看護師，歯科医，獣医，助産婦，薬剤師，建築士，弁護士であった。

この移民支援サービスをより有効にするために，各国政府が EUROPASS センターを国内に設置し，EUROPASS の普及，徹底を目指して事務体制の責任を負っている。また，EU の欧州雇用ネットワーク (HEURES) をはじめ，欧州評議会や UNESCO が実施している大学間移動や単位認定の情報センターや各国関連機関との連携を強化し，業務の統合化を進めている。2008年から4年ごとに EUROPASS の評価報告書が作成されることになった。

欧州職業資格フレームワーク (EQF)

次のステップとして，欧州レベルで統一的な職業資格を構築しようという方向に至った。欧州職業資格フレームワーク (EQF) は，教育と職業訓練の領域において，加盟国間で異なる基準に対して共通する枠組みを提供しようとするものである。これによって，各国で取得した資格を EU 域内で共有化し，欧州労働市場での就労を促進させようとするものである。

こうして，2008年4月23日の「勧告」[7]に従って欧州職業資格フレームワーク (EQF) が構築された。高等教育および職業資格に関して，各国の資格を欧州レベルで相互認定される枠組みが成立した。つまり，各国の職業資格が欧州職業資格フレームワークのどれに該当するか，対応表によって明確に示されることになった。

EQFは養成にかかった期間や方法でなく,現在の技術,知識,能力等によって資格が位置づけられている。これによって,就業機会を模索する特に若い人にとっては移住を決断しやすくなることが期待される。2010年までにすべてのEU加盟国で,各国の職業資格とEQFの対応が完成された。

 以上,EUでは2000年のリスボン会議以後,積極的な労働政策が展開されてきた。特に,これまでの大きな障害であった伝統的な職業資格や教育制度にまで踏み込んだ「整合化」から統一化まで含めた措置である。このことは,介護士や看護師の労働市場にも大きな影響を及ぼしている。

3. 看護師・介護士の移動に関する対策

 医療サービスや社会サービスの部門は,欧州では全般的に拡大傾向にある。GDPに占める医療費支出の割合はほとんどのEU加盟国で増加している。介護サービス関係の支出も拡大を続けている。人口構成も等しく高齢化しており,今後もこの傾向は続くことが予想されている[8]。

 欧州での介護労働に共通する特徴として,次の点が挙げられる。第1に,離職率が高い。特に,より専門性の低い一般的な介護労働者の場合に離職率が高い。第2に,若年者からの入職が他の職種と比べて少ない。第3に,ストレスが大きく「燃え尽き」症候が顕著である。第4に,高齢労働者の比率が比較的高い。第5に,比較的低賃金で低い社会的地位である。第6に,労働条件がしばしば標準化されていない。第7に,キャリア形成が未発達な構造である[9]。

▍介護労働者の労働政策

 介護労働は欧州においても特殊な分野である。賃金労働である場合とそうでない場合もある。ボランティアや家族が介護を担っている場合も少なくない。また,介護サービスの提供も公的部門と民間部門とにまたがっている。多様な組織が介護労働に携わっている。各国独自の伝統や文化,社会通念もあり,一様に雇用政策の対象に馴染まないところが指摘されている。施設介護が普及している国と依然として在宅介護が一般的な国もある。したがって,グローバル

化には時間がかかるものと予想される。

　介護労働は高齢化社会にあってますます大きな比重を占めつつある。デンマークでは全雇用のうち介護労働が10%を占める。スウェーデンは9%，オランダやイギリスでは8%，ハンガリーでは5%以下となっている。1995年から2001年の間に，200万人以上の雇用が医療・介護部門で創出された。この数値は全雇用創出の18%を占める[10]。現在のEU加盟国では，総じて介護労働の需要が供給を上回っている。今後加盟予定の国々では，介護労働の需要はあまり高くなく，供給も不足は見られない。

　欧州諸国も等しく高齢化しつつあり，介護労働のニーズは高まる傾向にある。また，女性の労働力化もさらに進展しつつある。他方，介護労働の供給はEU加盟27カ国において等しく不足傾向にある。リスボン会議後，EUは雇用創出の強化を図ったが，介護労働分野での雇用拡大は最も顕著な動きであった。

　一つの傾向として，居宅サービスから施設サービスへの流れが確認される[11]。その理由は，費用負担の問題と利用者の希望が挙げられる。介護労働は特に新加盟国にあってはインフォーマルセクターにも多く，家族が重要な役割を果たしている。介護労働が登録外の活動であることも多い。介護労働者は比較的熟練が低く，高齢化しつつある。EU全体としても，介護労働者の熟練度を高め労働の質を確保することが重要と認識されている。EUは域内の労働者の自由移動を介護労働者にも普及させようとしてきた。他方，EU域外からの移民に関しても特定加盟国は独自に受入れ政策を展開している。

　EU加盟国はそれぞれ介護労働の不足を充足するために多様な養成対策を講じてきた。主な対策の内容を総括していこう。第1は，国内の失業対策と絡み，失業者を介護労働に誘導するものである。そのための短期の職業訓練もいくつかの国々でプログラム化されている（イギリス，ギリシャ，フィンランド，ルーマニア等）。

　第2に，イギリスやギリシャのように大学レベルの高等教育でソーシャルワークの新たな学位を創設し，介護労働の社会的地位を向上させ，より魅力の

ある熟練職として位置づけた。高等教育に限らず，介護労働の職業訓練を普及・徹底させ，伝統的に非公式であったり，ボランティアであった領域を市場化する傾向にある。ドイツでは，高齢の介護労働者の再訓練も強調されている。

　第3に，外国人を介護労働者として積極的に受入れることで介護労働者を確保しようとしているのは，イタリアとギリシャであった。第4に，介護労働者の労働・生活環境の改善により魅力づける国が，フィンランド，ブルガリア，ルーマニア，ハンガリー等であった。以下，各国ごとに概観していこう。

〔イギリス〕

　大学レベルで，ソーシャルワーカーの新たな学位を創設した。イギリスでは，大学と使用者の連携の下で3年間コースのプログラムを作った。介護労働者の地位向上に貢献し，より魅力のある職業とさせようとしている。

　他方，失業対策として失業者に6週間の介護労働訓練プログラムを施し，その間通常の3分の2の報酬を払いながら，プログラム終了後に正規の職員に採用する制度を導入し，成功している。地域ごとに運営し，障害者や母子世帯や少数民族等の層も対象にして統合化させようとしている。

〔フィンランド〕

　家族や親族，友人などが家族や友人のために介護サービスを提供している場合がある。フィンランドでは，この一般的には無償で，無登録の労働に脚光を当て，独立した組合組織を構築した。非公式の労働を公式化し，法定の給付を適用させることになった。現在，約23,000人の家庭介護者が法定給付を受給している。2002年の法律は，24時間つきっきりの家族介護者に，少なくとも月に2日以上の休日を提供することを自治体に義務付けた。つまり，その休暇分の費用を自治体が負担することになる。

　家庭内介護クレジット制度が導入された。自宅で家族等が要介護者を介護する場合，通常は報酬の対象とならない。掃除，補修，身体介護，洗濯等の介護労働を家庭内で行った場合，その分の労働を考慮し，税的控除の対象とする制

度が導入されている。2004年では,すべての世帯の6.6％に当たる155,802世帯がこの制度を利用している。

また,欧州社会基金（ESF）を活用しつつ,若年の男性を社会介護・医療介護部門に採用を拡大していくプロジェクトをたちあげた。新規学卒の男性を対象に,社会介護部門でのキャリアプログラムを提供している。さらに,キャリアカウンセラーを通じて,若年者を雇用する企業に介護労働の職業訓練機会を提供するよう普及活動を展開している。

フィンランドでは,これまで介護労働に従事する期間が非常に短かった。燃え尽き症候が顕著で,約半数の介護労働者は就業開始から10年以内に離職していた。政府はより長期にわたって労働に従事できるような対策を講じた。職業病の予防,相談やメンタルヘルス対策,労働者間のネットワーク形成,再訓練等がプログラム化されていった。

〔イタリア〕
イタリアは介護に外国人を積極的に受入れている事例である。イタリアは人口高齢化が急速に進行し,しかも,家族介護が一般的であったが,核家族化により担い手が減少し,公的な介護サービスが未成熟であるため,個人で介護労働者を雇うことが一般的である。その際,正式な雇用契約に基づくものではなく,無申告の労働の場合が多い。外国人を雇うことが急激に増えている[12]。

1991年にイタリア国内の家庭介護労働者の中で占める外国人比率は16.5％であったが,2003年には83.3％となった。588,701人の全家庭介護労働者の中で490,678人が外国人であった。この数値は申告された正規雇用の場合のみであり,より多数の申告されていない外国人介護労働者が存在する。

2003年,北イタリアの特定都市では主に近隣諸国からの移民に技能訓練を施し,その結果に応じて移民受入れを認める政策を採用した。現在の主な対象となっているのは,ルーマニア,チュニジア,ラテンアメリカ諸国である。実際に介護移民を受入れるホストファミリーは,当初,外国人の介護に違和感を示していたが時間とともに解消され,おおむね評判が良い。特に出身国での事

前の準備訓練が普及してきて，イタリアでの適合化を助けている。

〔ギリシャ〕

　ギリシャでも，介護労働に外国人を統合させていこうとしている。ギリシャ語という特殊な言語のため，外国人がギリシャに同化することは難しいとされている。ギリシャ政府は各種 NGO の助言を受け，外国人にギリシャ語を教え，ギリシャで労働することを奨励している。その結果，今では多くの外国人の有能な介護労働者がギリシャ国内に受入れられた。ギリシャの介護労働者は，多くの移民，難民，帰還者を抱えている。語学教育の正式の育成プロセスに乗せることで，介護労働者を闇市場から一掃し，正規の労働市場に位置づけようとしている。

　今後，ギリシャでは新たな EU 加盟国からの介護労働力の供給が増え続けるであろう。既加盟国の介護労働市場は比較的充足に向かうであろうが，逆に，新加盟国に人出不足が顕在化する可能性が高い。

〔ドイツ〕

　ドイツでは高齢者介護のための人材の確保のために，積極的な職業訓練を制度化していった。移民のための言語教育，育児サービス，交通費補助等を含んだ職業訓練制度を実施している。地方自治体がイニシャティブをとって進めている。また，失業者を対象にしている場合もある。つまり，広く失業者を対象に介護労働の職業能力の向上の機会を与え，労働供給を増やそうとしている。

　さらに，高齢者の雇用開発の一環として介護労働の再訓練を実施している。2000 年から 2003 年までに，このプログラムを 36,814 人が受講した。最初の訓練は 1 年以内で，以後は 3 年以内で実施される。この対策は高齢者の失業予防と，介護労働の人手不足対策の 2 つの側面を持つ。

　近年，高齢者が自発的に介護労働の共同組合を創設している。この組織を通じて高齢者自らが比較的元気な時代に介護労働を提供し，老後には場合によって介護サービスを利用している。相互扶助組織の一環をなしている。特定の地

域でこの活動が普及している。

医療従事者

　近年，技術者や熟練労働者の国際移動が活発化しており，医療関係従事者の国際移動も EU 域内で増加傾向にある。医師や看護師の移民は，「頭脳流出」として出身国の国内問題を引起こすとされてきたが，特定の労働力不足の国の人材確保に貢献し，また，供給過剰国の雇用均衡化にも貢献し，高度な医療技術の普及や高度熟練者の育成にも寄与している。特に，EU 加盟国の拡大は，EU の労働市場に医療従事者の部門でも大きな影響を与えている。新加盟国の給与水準が低く，労働移動に拍車をかけている。WHO の報告書[13]を基に，5カ国の状況を紹介しよう。

〔エストニア〕

　エストニアでは医療従事者は不足気味である。医師については特定専門科において不足が見られる。看護師については，特定地域や特定科において著しい人手不足となっている。EU 加盟後，医療従事者の急激な流出が懸念されていたが，実際の移住は少なかった。エストニアに入ってくる外国人医師は少なく，2001 年で 24 人であった。他方，エストニアから出ていくのは，2004～5 年に医師で 182 人，看護師で 90 人であった。移住先はフィンランド，イギリス，スウェーデン，ドイツ等であった。

　エストニアでは，6％の医師と 13％の看護師が仕事に恵まれていない。移住で流出することより国内の雇用機会不足の方が深刻な問題である。国外流出を防ぐために，賃金が上昇している。政府は，医療従事者の人材開発のための新たな計画を作成した。医療施設を改善させ，従事者を保持しようとしている。

　2004 年に国内で行われた調査では，移住希望者の 4 分の 1 が現在の賃金の 3 倍か 4 倍を期待していた。現実には，60％の移住希望者は賃金は移住後に現在の 2 倍から 2.5 倍程度になると信じていた。移住には多くの費用も必要であるし，家庭崩壊のリスクもあり，賃金だけではなかなか決定できない難しさがあ

ることも示唆されている。

〔リトアニア〕

　特定地域，特定専門科で医療従事者の人材は不足気味である。若い医師のドロップアウトが著しい。医師416人（3.1％），看護師129人（0.5％）が2004〜5年に海外流出した。主な行先はドイツ，イギリス，北欧諸国であった。

　2002年の調査によると，看護師の60.7％，および医師の26.8％が他のEU加盟国への移住を希望していた。ただし，恒久的な移住希望者は看護師で14.5％，医師で5.4％であった。そして，リトアニアのEU加盟後に実際に移住したのは，看護師の2.5％と医師の3.8％であった。

〔ポーランド〕

　特定地域，特定専門科において，医療従事者の失業が存在する。正確なデータではないが，ポーランドの看護師登録者の8％が外国人である。2004〜5年に約12,000人の看護師が流入（新規看護師の38％）した。同年に医師2,533人，看護師2,830人が流出した。潜在的にも流出傾向が強い。流入してくるのはインド，フィリピン，南アフリカ，オーストラリアからが多く，流出先はオーストラリア，アイルランド，アメリカが多かった。

〔ドイツ〕

　ドイツでも特定地域，特定専門科で人材不足が見られる。医師では2003年で17,318人の外国人医師がいた。この数値はドイツの全医師数の6〜7％に相当すると言われている。看護師のデータはない。外国人の流入のデータはないが，増加傾向にある。流出はより少ないと思われる。医師の場合，流入してくるのはロシア，イラン，ギリシャ，オーストリア，ポーランド等が中心である。同じく医師の流出はイギリスをはじめ，ノルウェー，スウェーデン等である。また，新しいEU加盟国からの流入が増えている。特に，隣国のポーランドからの医師の流入が顕著になってきている。

OECD の資料によれば，ドイツの外国人医師のうち，27％が他の EU 加盟国出身で，37％はその他の欧州諸国出身者で，さらに，35.5％が欧州以外の出身者であったとされている[14]。

〔イギリス〕
　イギリスでは，特にロンドンで医療関係従事者は人材不足がある。外国人医療従事者の流入が欧州では最も顕著であると言われている。2002 年で，医師の約 3 分の 1 が外国人で占められていた。2003 年のデータでは，1 万人以上が流入した。看護師 8,000 人が流出した。医師が流入してくるのは，インド，アイルランド，南アフリカ，オーストラリア，さらに，ドイツ，ギリシャ，ポーランド，スペイン等の EU 加盟国からが多かった。
　これは，自然の結果ではない。政府レベルで二国間協定を締結しつつ，イギリス政府は外国人の受入れの合意を形成している。代表的なものが，イギリス―スペイン間の協定である。つまり，政府が国際的に（主に開発途上国で）求人活動を展開することで医療従事者の人材確保を進めている。イギリスは人材を EU 域内に限らず，英語圏を中心に求人開発してきた。しかし，医師は多くが EU 加盟国から招いている。他方，看護師は多くがイギリスから流出している。流出先はアイルランドが多く，もともとアイルランド人がイギリスで看護師資格を得て，その後アイルランドに帰ることが多いようである。

〔その他の国々〕
　アイルランドは看護師を多くの国々から受け入れている。イギリス，スペイン，インド，フィリピンからの看護師が比較的多い。イスラエルは，圧倒的多数の看護師を旧ソビエト連邦の諸国から受け入れている。オランダは，外国からの受入れを制限し，国内の人材育成に集中している。アメリカは世界中の国々から医師や看護師の受入れに積極的である。

　以上，医療専門従事者の場合の国際的な移動を概観した。介護労働者に比べ

て，かなり進んでいる。国境を越えた人材移動に関しては，政府や自治体，関係機関の政策が影響を及ぼしている。移民送出国と移民受入れ国との間のいろいろな政策が反映されている。一方的に進むものではない。

　まず，送出国の病院と受入れ国の病院との間でスタッフの交流，支援を促進する合意が形成されている場合がある。さらに，キャリア開発，組織開発の一環として，特定期間の人材の移動を合意する場合もある。また，教育支援の一環として，受入れ国の教育スタッフを送出し国に派遣する場合もある。より積極的に政府間で人材移動に関して合意する場合もある。政府レベルに限らず，ドイツのように地方自治体レベルの合意も存在する。

　例えば，専門職の養成期間や特定期間受入れ国が送出し国から人材を受け入れ，契約の期間終了後に送出し国に有資格の人材を帰国させる契約である。つまり，職業教育活動を受入れ国が担う形である。イギリス―スペイン間，オランダ―ポーランド間等で実施されている。

4．小　括

　WHOの総会でかつて開発途上国から先進国への頭脳流出は是か非か議論したことがあった。答えは単純に「正当化できない」というものであった。しかし，国家間の合意内容は多様であり，必ずしも開発途上国にすべて害であり，先進国が一方的に得をするものでもない。合意によって開発途上国にも人材育成や技術向上，外資獲得等のプラスの貢献をする場合もあり，一様には評価できなくなっている[15]。

　EUの事例を見る限り，労働者の自由移動は際限がなく，聖域はない。介護職や医師，看護職は命にかかわることであり国内での養成が筋であるという考えもあるが，もはや少数派であろう。むしろ逆に，有資格労働者の各国間での奪い合いの様相を呈してきた。

　看護師や介護士については，外国人だからと言って，日本では言語や生活習慣の上でいろいろ問題視されている。欧州の事例を見る限り，少なくとも克服できる問題が多いと思われる。うまく社会に適合した事例も多い。対人サービ

スという極めて国内的な分野も，遅ればせながら門戸開放の時期が近づいているように思われる。受入れ国，送出し国の双方に有益な人材交流が真剣に検討されるべき時代であることは確かであろう。

【注】
(1) European Commission, "The Social Agenda 2005-2010", 2005.
(2) Official Journal C 162 of 06.07.2002.
(3) 1993年に導入された。Decision 569/93/EEC.
(4) Eures Charter, Official Journal C 106 of 03.05.2003.
(5) Decision No 2241/2004EC of the European Parliament and of the Council of 15 December 2004 on a single Community framework for the transperancy of qualifications and competences (EUROPASS).
(6) Official Journal L 255/22,30.9.2005.
(7) Official Journal C 111,6.5.2008.
(8) European Foundation for the Improvement of Living and Working Conditions, "The Future of Health and Social Services in Europe", Dublin, 2003.
(9) European Foundation for the Improvement of Living and Working Conditions, "The Future for the employment in social care in Europe", Helsinki, 2006.
(10) European Foundation for the Improvement of Living and Working Conditions, "Employment in Social Care in Europe", Helsinki, 2006, p.13.
(11) Ibid., p.5.
(12) Lamura, Giovanni., "Migrant Care Workers in Long-term Care: Lessons from the Italian Case", Helsinki, 2006.
(13) WHO, "Health Worker Migration in the European Region: country case study and policy implications", 2006.
(14) Simoens, S. & Hurst, J., "The Supply of Physician Services in OECD Countries", Paris, OECD, 2006.
(15) Ibid., p.15.

第3節　日本における EPA と人の移動

　日本は工業国であり，貿易立国であり，貿易自由化の恩恵を受けて発展してきた。そして，「多角的貿易体制を通じたグローバルなルールの維持・強化の下での貿易の拡大は引き続き日本の最重要外交課題である[1]」としている。FTA や EPA に関しても，日本は WTO を補完するものとして支持することを世界中の国々に表明してきた。

1. 社会背景

　日本の EPA に関しては，まず，2002年に日・シンガポール新時代経済連携協定が締結された。続いて，2004年に日・メキシコ経済連携協定が締結された。2006年には，日・マレーシア経済連携協定，日・フィリピン経済連携協定が結ばれた。以後，2007年にチリ，タイ，ブルネイ，インドネシアとそれぞれ経済連携協定が結ばれた。2008年には，日・ASEAN 包括的経済連携協定が締結された。2009年には，ベトナムとスイスと経済連携協定が結ばれた[2]。

　EPA の内容は相手国によって異なるが，開発途上国が相手の場合はほぼ要求の内容は類似しつつある。まず，日本側が相手国に要求する主な項目は，以下の4項目である。

① 素材・部品の関税撤廃
② 投資，知的財産等のルール
③ サービス貿易の自由化
④ ビジネス環境の整備

　他方，日本側が受ける相手国からの主な要求は，やはり国によって異なるが，おおむね以下の4項目に集約できる。

① 市場アクセス（関税・権益等）
② 人の移動
③ 投資誘致
④ 技術協力・技術移転

　国によって重点が若干異なるが，開発途上国の多くが日本に対しては多かれ少なかれ人の移動を要求している。EPA の中で看護師や介護士の国際移動に関する取決めを含むものとしては，インドネシア，フィリピンとの EPA が最初であった。さらに，現在も人の移動に関して交渉継続中のものが，タイ，ベトナムとの EPA である。また，今後の交渉の進展が期待されるのが，オーストラリア，湾岸協力会議（GCC），インド，ペルー，韓国との EPA である。

　具体的には，2006 年に日本・フィリピン経済連携協定（EPA）が締結され，人の移動に際して入国および一時滞在の許可が盛り込まれた。そこでは，看護師と介護職がその対象として掲げられた。続いて，2007 年には日本・インドネシア経済連携協定（EPA）が締結され，同様に人の移動に際しての協力関係が確認されている。現在では，インドネシアの事例が先行している。協定によると，日本の国家資格を取得するため看護師では上限 3 年まで，介護福祉士では上限 4 年までの滞在が許可される。そして，国家資格を取得した場合は，その後の日本での滞在・就労が認められることになっている。

　ASEAN 諸国や他の多くの国々とも，ほぼ同様の協定が締結されつつある。日本国内で EPA に基づいて入国する外国人は今後明らかに拡大していくであろう。日本の医療・福祉領域では，労働条件が劣悪であることから長年にわたり人手不足が指摘されてきた。先進諸国にも見られる現象であるが，日本でも今後の医療・福祉現場は次第に変容していくであろう。

日本の基本方針

　こうした貿易自由化の推進への国際的な動きに関しては，日本でも産業界をはじめ積極的な推進を望む声が強い一方で，農業団体や労働組合等の特定利害

関係団体からは根強い反対もある。しかし，日本の経済全体を考えれば，国際競争にさらされており自由化交渉に向かわざるを得ない立場にある。

こうした中，2004年に経済連携関係閣僚会議において「今後の経済連携協定（EPA）の推進についての基本方針」が公表された。その冒頭で，「経済連携協定は，経済のグローバル化が進む中，WTOを中心とする多角的な自由貿易体制を補完するものとして我が国の対外経済関係の発展及び経済的利益の確保に寄与するものである。同時に，EPAは我が国及び相手国の構造改革の推進にも資するものである[3]。」と述べている。

さらに，「交渉相手国・地域の決定に関する基準」として，他の基準と並んで，「知的財産権保護等の各種経済制度の調和，人の移動の円滑化等により，我が国進出企業のビジネス環境が改善されるか否か」また「専門的・技術的労働者の受入れがより促進され，我が国経済社会の活性化や一層の国際化に資するか否か」という点が盛り込まれていた。

FTAは日本にとって経済的，政治的に多くのメリットを持つ。経済的な側面では，投資促進，市場拡大，貿易促進による経済効果は大きい。国内では既存の規制を緩和させ構造改革を進展させることで，経済効率の増進，競争力の向上，経済成長も見込まれる。貿易のルール化により紛争処理にも貢献する。さらに，経済的な依存関係が強化することで，政治的な連携も強化される。

しかし，FTA・EPAがもたらすものは良いことばかりではない。痛みを伴う改革に相当する。「日本にとり，人の移動をはじめいくつかの規制分野，あるいは農業分野における市場開放と構造改革の在り方は避けて通れない問題である[4]。」

2. 各国とのEPA交渉事例

〔フィリピン〕

日本・フィリピン経済連携協定は，2009年9月9日に調印された。両国間の貿易投資自由化・拡大，相互依存関係深化の法的枠組み整備を内容とする。具体的に「包括的に連携を推進」する項目として，サービス，投資，知的財産，

競争，ビジネス環境の整備，協力，そして，人の移動が盛り込まれている。
　「人の移動」については，以下の6つの区分についてそれぞれ定める条件に従って，自然人の入国および一時的な滞在を許可することが合意された。

・短期の商用訪問者
・企業内転勤者
・投資家
・自由職業サービスに従事する者
・契約に基づき一次滞在する自然人
・看護師または介護福祉士

　看護師については，フィリピンの看護師資格保有者で実務経験3年以上の人を対象に当初2年間で400人までの枠で候補者を募集する。日本に入国後6カ月間に日本語研修と導入の研修を行う。そして，入国後3年間にわたり病院で就労・研修にあたり，日本の看護師資格の取得を目指す。合格者は引続き日本で滞在と就労が認められる。
　介護福祉士には，実務経験コースと養成校コースの2つがある。両コースで当初2年間で600人の枠が設定されている。実務経験コースでは，フィリピンの介護福祉士に認定された4年生大学卒業者，または看護大学卒業者の場合で，日本入国して6カ月の研修後，介護施設で就労・研修にあたり，4年以内に日本の介護福祉士の資格取得を目指す。養成校コースでは，日本の専門学校や4年生大学の福祉学科で学習し，4年間で卒業して，資格取得を目指す。

〔インドネシア〕
　日本・インドネシア経済連携協定は，2007年8月20日に署名された。「自然人の移動及び関連する協力」では，他の国と同様に6つの区分ごとの条件に沿った入国および一時滞在の許可に合意している。特に，「看護師・介護福祉士候補者の受入れ」として，国家資格の取得のための必要な知識および技術の習得を掲げ，看護師候補者および介護福祉士候補者の受入れを認めている。

看護師の場合，インドネシアの看護師で実務経験が2年以上の人を対象とし，最初の2年間で400人までの受入れ枠を定めている。現地で4カ月の日本語研修を受けた後，日本に入国を許可する。2カ月の日本語研修を経て，病院で就労・研修を積む。3年以内に日本の看護師国家資格を取得すれば，滞在と就労が認められる。資格が取得できなかった場合には，帰国しなければならない。

介護福祉士については，インドネシアの大学看護学部または高等教育機関（3年以上）を卒業し政府によって介護士として認定された者を対象として，最初の2年間で600人までの枠内で認められる。介護福祉士の場合，2カ月間の日本語研修の後，4年以内に介護福祉士の国家資格を取得できれば，引続き滞在と就労が認められる。両者とも，就労期間は3年で，更新も可能とされている。

〔タ　イ〕

タイとのEPAにおいても，「人の移動」のテーマは取上げられている。まず，日本側の主な措置としては，タイ料理人の入国要件緩和として実務経験をこれまでの10年以上から5年以上でタイ料理の国家資格保持者に変更した。タイからの伝統舞踊，音楽，料理，ボクシング等を指導する活動での入国・一時滞在を許可することになった。また，タイ・スパ・セラピスト，さらに介護福祉士の受入れについては継続協議事項になった。

他方，日本からタイ政府に対しては，就労目的の在留資格要件の緩和，手続きの簡素化，投資額300万バーツ以上の企業内転勤者によるワンストップサービスセンターの利用が決まり，人数上限の撤廃を含めた労働許可に関わる条件緩和は継続協議案件とされた。

〔ベトナム〕

ベトナムとのEPAでも，「自然人の移動」が取上げられている。「主に短期の商用訪問や企業内転勤者等の相手国への円滑な入国・一時的な滞在及びそれに必要な手続きの透明性の確保」をはかるものとした。具体的には，現行の入管制度の範囲内で，IT技術者および入国先の看護師国家資格を取得した者

の入国および一時的な滞在を相互に約束した。ただし，ベトナム看護師・介護福祉士の将来における受入れの可能性については，協定発効後に継続して協議し，遅くとも発効後2年以内に結論を出すことが確認されている。

3. 研修生受入れの現状

　インドネシアのEPAに基づいた看護師・介護福祉士の受入れに関して，受入れ態勢が規定されている。日本側で受入れ調整を行う機関は，社団法人国際厚生事業団が担う。就労・研修先となる受入れ施設や受入れ条件に関しては，かなり細かく規定された。研修中は年に1回，要件の遵守等について受入れ施設に対して国際厚生事業団への報告を求める。資格取得後も3年に一度の報告を求めている。これとは別に，施設は状況に応じて事業団に随時報告することとなっている。また，事業団はすべての受入れ施設に1年間に1回巡回訪問を行う。

　看護師の場合，看護師学校養成所の臨地実習受入れ病院と同等の体制が整備されていることの他，看護師や准看護師の配置状況をはじめ細かな条件が設定された。また，研修内容に関しても，3年以上の業務経験のある実習指導や国家試験の受験に配慮した看護研修計画の策定，日本語の学習や生活習慣の習得等の要件が明示されている。労働条件としては，日本人の従事者と同等の報酬を保障することが求められている。メンタルヘルスの立場から，1施設原則として2人以上のインドネシア人看護師を受入れることとした。逆に，適正な実施体制として，1施設あたり5人以下の受入れに限定することとした。

　介護福祉士については，関連施設が多様であることから施設の条件がさらに厳しくなる。まず，居宅系の介護サービスには一切適用できない。研修で受入れ可能なのは，入所型施設で特別養護老人ホーム，介護老人保健施設（定員30人以上），老人デイサービスセンター，認知症対応型共同生活介護施設等の施設で，実習体制が十分整備され，その他の規定の条件も満たすことが条件となる。軽費老人ホームや有料老人ホーム等は研修先として認められないが，日本の介護福祉士資格取得後は就労が可能となる。なお，通所型の施設の場合は，

さらに別の条件が付されている。雇用条件としては、看護師の場合と同様である。

なお、フィリピンのEPAによる受入れに際しては、ほぼインドネシアと同様の状況にある。フィリピンの場合、政府が国民の海外移住を奨励しており、フィリピン海外雇用庁（POEA）が送出し機関として調整に当たっている。

さて、現状であるが、受入れ状況は厳しい。インドネシアからEPAで2年間で看護師候補者400人、介護福祉士候補600人を上限に設定していた。2008年を1期生として、2008年の候補者は看護師、介護福祉士ともに104人ずつの208人であった。看護師は47施設、介護福祉士は53施設が受入れた。2009年度の2期生に関しては、上限までの792人が受入れ枠になるが、約6割程度しか受入れ先が確保できていなかった。

研修を終えて国家資格を取得しても、即就職先が見つかるのかという問題がある。東京都社会福祉協議会の調査によると、都内の特別養護老人ホームではすでに約3分の1（316施設中101施設）の施設で総勢196人の外国人が就労している。316施設のうち93施設（29.4%）が外国人を「できれば採用したくない」と回答している[5]。「日本人で不足する分について採用したい」が78施設（24.7%）、「介護福祉士の有資格者なら採用したい」が62施設（19.6%）で、「積極的に採用したい」と回答する施設はわずか11施設（3.5%）のみであった。

EPAによる受入れに関しても「受入れ予定はない」が223施設（70.6%）と多数を占めた。導入初期であり施設も慎重とならざるを得ないのだろうが、研修や研修後の就労の受入れにはまだ時間が必要であり、より大きなインセンティブが求められる。

資格合格率

厚生労働省によると、2010年度の看護師合格者は全体で47,340人、合格率は89.5%であった。例年、日本の看護師試験の合格率は90%前後と言われる。EPA関係で外国人の合格者は3人で、そのうち2人がインドネシア人、1人がフィリピン人であることが公表された。フィリピン、インドネシアの受験者

数は254人であった。つまり、外国人にとってはかなり難しい試験となっている。看護師資格は取得したが、現場では先輩看護師がマンツーマンで指導・教育する方法に加えて、日本語の支援を含めた特別な教育訓練が必要であろう。

介護福祉士試験については、まだ合格者の報告はないが、日本人の例年の合格率が5割前後である。平成20年度では、合格率が52.0%を記録している。看護師以上に厳しい状況である。日本語のハンデがある外国人では、さらに困難が予想される。

准介護福祉士資格の導入

2007年に社会福祉士及び介護福祉士法の一部を改正する法律が参議院本会議で可決され、成立した。いろいろな改正点を含んでいるが、新たに准介護福祉士という資格が導入された。この資格創設の理由は日本とフィリピンの間のEPAにある。従来、日本で4年間の研修・就労の後、国家資格である介護福祉士試験に合格しないと、日本での滞在資格が認められなくなる。そこで、合法的な滞在をするために新たに准介護福祉士の資格が導入されたようである。

介護福祉士の養成施設で2年以上学んだ修了者は、国家資格試験を合格しなくても准介護福祉士となる。施行は平成24年4月からとなっている。業界団体をはじめこの措置には反発も多かったこともあり、この改正法は経過的なものとして、公布後5年を目途に見直すとされている。国内での十分な議論を経ずに外圧によって押し切られた今回の措置は現場に混乱を与えるものであった。准介護福祉士がどのような業務で、どの程度の賃金で、どのような条件で労働するのか、その内容が一切確定していない状況である。

4. 研修生受入れの問題点

EPAによる外国人介護福祉士および看護師の受入れに関して、すでに多くの問題点が指摘されている。ここで整理してみたい。第1に、3年、あるいは、4年の期間を限定することの是非である。国家試験に合格するのはごく一部と見込まれている。それでは、この期間に合格できなかった外国人は、強制的に

帰国が余儀なくされる。この3年，あるいは，4年間は何だったのかということになる。インドネシアやフィリピンでは介護保険もなく，十分な職場がない。日本の研修は個人のキャリアにつながらない。時間と労力の無駄遣いとなる。

　そればかりか日本への反感を強めることにもなりかねない。日本語に問題のない日本人でも，合格率約50％と言われる介護福祉士の国家試験である。滞在中は何度でも受験できるが国家試験は1年に一度であり，言語のほかいろいろなハンデのある外国人には短い時間の制限がある。これは外国人への非常に厳しい条件であり，差別的な障壁に相当する恐れもある。

　第2に，この対応とも考えられるが，准看護士ならぬ准介護福祉士の資格が新設されようとしている。この資格をめぐっては，まだ，国内の現場では十分準備が整っていない。日本人の間では，准介護福祉士の位置づけについて混乱をきたしている。外国人の就労を合法化させるための手段として導入をはかったものであるが，何故そのために国内全体のシステムをかえなければならないのか理解に苦しむ。

　この資格は研修・労働を終えた外国人が旧来の国家試験に合格しなかった場合の救済措置として準備された。しかし，それなら元に戻って国家資格を取得しなくても滞在できるように決定すれば良いだけである。わざわざ国内の専門職種全体に影響を及ぼす改正をしなくても済むのではなかろうか。それとも，将来的には圧倒的多数の受入れを想定しているのだろうか。

　第3に，受入れ施設の確保が困難となっている。実際に受入れた施設の調査によると，住宅の準備，研修の費用負担，研修後の合格率の低さ等から，施設へのメリットは小さい。日本人を採用した方が簡単だ。人手不足から試験的に受入れた施設が多かったようであるが，今後については消極的な施設が多く，受入れ数は相手国の期待に反して小さくなりそうである。受入れてくれる施設が不足すれば，外国人の受入れ枠は削減せざるを得ない。海外ですでにその気になって研修で準備している候補者にとっては裏切り行為となる。

　研修受入れ施設に大きな負担になることは，将来的には持続できない。EPAは日本の産業界の利益に大きく貢献する。そのツケを医療・福祉業界に

回すのは無理がある。外国人研修生を雇用しても定員に参入できないと，日本人だけで定員を配置した上に外国人を配置し，手厚い労働配置になりコスト高となる。しかも，将来定着してくれるか期待できない。施設のリスクは高い。受入れ施設の利益につながる受入れでなくては将来は望めない。

5. 課　題

　最後に，重要と思われる論点を将来展望の視点から指摘したい。第1に，国際的なサービス貿易協定では，専門的職業を対象に議論している。何故，看護師，介護福祉士だけが，今回新たな人の移動の対象にされるのか。他にも多くの「専門職業」は存在する。例えば，医師である。同じ医療・福祉分野でありながら医師の受入れはまったく議論されていない。日本では医師不足も深刻なはずである。国際的には医師も国際移動している。かつて報酬の低いイギリスNHSを嫌い有能な医師はアメリカに渡ったということは有名である。最近のEUを見ても，医師の国際移動も活発である。

　日本では医師会の政治力が強くて受入れは認められないのかもしれないが，それなら，看護師や介護福祉士も強硬に反発すれば止められるものなのであろうか。医師に限らず，他にも弁護士，税理士，公認会計士ほか専門職種はたくさんある。看護師，介護福祉士のみが対象になるのはおかしい。

　第2に，WTOが提唱している人の移動とは短期の移動であり，あくまで一時的な労働力の移動を想定している。日経連も「他国の労働市場への進出を目的とする人の移動，もしくは永続的な市民権，居住権を求める人の移動は対象としない[6]」としている。しかし，すでに多くの国々の経験からわかるとおり，一度動き出した労働力の移動はなかなか元に戻らない一方通行であることが多い。「労働者」から「人」に立場を変えると，もはや貿易問題ではなくなり，国内問題となる。つまり，人の移動を短期のみで止めることは困難である。

　第3に，EPAという貿易政策が先行し，何故，社会政策が犠牲にされなければならないのかという素朴な疑問がある。貿易自由化では，これまで工業製品の輸出をとるか国内農業の保護かという対立の構造があった。つまり，国内

農業を保護することが貿易自由化への足枷になってきた。今回は，まったく別の医療・福祉領域の人の受入れが，貿易自由化の対抗軸となっている。

　貿易政策と社会政策はこれまでまったく別の次元で議論されてきた。何故，貿易政策が社会政策に優先されるのか。農業保護にあってもより配慮がなされてきたではないか。社会政策領域に関しては，ほとんど頭越しでEPAが進展している。これは，社会政策にとっては危機を意味するものではないか。少なくとも，貿易政策と社会政策の調和をとることが求められるべきであろう。

　サービス貿易の自由化，そして，FTA，EPAの流れは，地球規模の動きであり，もはや後戻りできない状況にある。進度の遅い速いはあれ，各国で前進していくであろう。もはや，国内での合意形成を議論するまでもなく，外圧を受けて政府がイニシャティブをとって推し進めている状況である。

【注】
（1）外務省「日本のFTA戦略」2002年10月，1頁。
（2）外務省「日本の経済連携協定」2009年10月を参照。
（3）経済連携促進関係閣僚会議「今後の経済連携協定の推進についての基本方針」2004年12月21日の冒頭。
（4）外務省「日本のFTA戦略」2002年10月，2頁。
（5）東京都社会福祉協議会『介護老人福祉施設における外国人従事者二関する調査』2009年10月。
（6）（社）日本経済団体連合会「WTOサービス貿易自由化交渉：人の移動に関する提言」2002年6月18日，1頁。

第7章
国際機関の新たな社会保障政策

　社会保障の国際的な展開を実践しているのは各国政府だけではない。国際機関という重要な次元がある。各国の社会保障に直接影響力を及ぼしうるのが国際機関である。本章では，国際機関の社会保障政策に着目し，新しい時代の国際的な社会保障政策について論じていきたい。特に国際機関として影響力の大きな社会保障政策の新たな展開を，ILO と EU を事例として紹介する。

第1節　ILO の新たな社会保障政策

　現代世界において社会保障制度の普及のために ILO がいかに重要な役割りを担ってきたか，すでに多く論じられているところである。ここでは ILO のこれまでの活動を総括し課題を提起しつつ，新しい時代に ILO に求められる役割りについて論じていきたい。

1. 社会保障分野における ILO 政策の総括

　多くの国際機関が第二次世界大戦後に設立されたのに対して，第一次大戦後の 1919 年に ILO は創設された。長年にわたり労働者の保護の国際基準を設定し，国際的な普及に大きな役割りを果たしてきた。社会保障に関しても，創設当初から各社会保障制度に関する条約や勧告が採択されてきた。特に，大戦後各国が平和な福祉国家を目指し，社会保障制度を導入し，体系化していくプロセスで唯一貴重な国際的指標になったのが ILO 基準であったと評価できる。

　社会保障は本来国内政策の一環であり，各国の国内事情によって独自の社会

保障が制度化されてきた。各国の社会問題は異なり，社会構造，経済水準，国民の価値観等すべてが異なるため，社会保障の形態も多様である。そんな中，各国はILO基準に照らして，自国の社会保障制度が国際基準に達しているかいないか初めて確認できた。批准できない条約は，まだ不備な制度運営であることが示唆された。もちろん，批准は自由で批准しなくても特別な不利益は被らないが，国際的な威信にもかかわる。無理はできないが，可能であれば批准に進むのが一般的であろう。

　社会保障制度に関するILO条約を見ると，当初より他の加盟国出身者と自国民の各社会保障制度における平等待遇について規定したものが多かった。1919年のILO創設時に締結された2号条約も失業保障における内外人平等待遇を規定していた。同じ趣旨から産業別，制度別に条約が繰返し結ばれ，最後は102号条約で9つの社会保障制度に関して統括的な条約の内容とされた。外国人労働者の社会保障における平等待遇は一貫して強調されてきた。外国人労働者の社会保障の権利保護を長年訴えてきたILOの功績は高く評価すべきである。

　他方，ILO条約は各社会保障制度に関して最低基準を提示してきた。必ずしも詳細な基準ではないが，適用対象や給付事由，給付条件，給付内容等について，一つの国際基準を提示したことの意義は大きい。ILO基準はこれから社会保障を導入しようとする国々にとっても一つの指針を提示してきた。

　しかし，実際にはILOの社会保障に関連する条約の各国の批准状況は必ずしも順調ではなかった。9つの社会保障制度を統合した102号条約にしても，批准国は40カ国余りであり，時間を経過してもあまり増えていない。規制緩和や社会保障後退の影響もあって，ILOの活動は停滞してきた。

2．ILO社会保障政策の現段階

　そんな中，ILOが現在打ち出している社会保障関連の政策について，概観していきたい。まず，1998年6月18日に，ILOは「労働における基本的原則及び権利に関する宣言[1]」を採択した。この宣言は，グローバル化時代に各国

がILOの示す労働者の基本的権利に関する原則を尊重する義務があることを明記している。創設以来のILOの活動をグローバル化社会において再評価するものであった。

近年，ILOは「ディーセントワーク（働きがいのある人間らしい仕事）」をすべての人に実現することを目標に掲げて，活動を展開している。具体的には分野ごとに活動している。経済がグローバル化する中で，労働者の権利を再認識し，世界的なレベルで運動を広げていくことを目指している。その労働者の権利の一つとして社会保障も掲げられている。

重要審議事項

2001年のILO総会において，社会保障に関連して21世紀のILOの重要審議事項として，以下の5点が掲げられた[2]。

① 社会保障の適用を受けない，世界の労働力の半数以上の人々
② 男女間の社会保障制度の待遇における平等
③ 労働市場政策と社会保障政策の統合化
④ グローバリゼーションの意義
⑤ 管理責任と民営化

以上は大きなテーマであり，より具体的な事項について今後，条約や勧告が準備され，提案されていくことになるだろう。

ここでも「グローバリゼーション」が挙げられている。世界同時不況に直面し，さらなる貿易自由化が求められ，サービス貿易の自由化促進が世界的な流れとなっている。つまり，人の移動がより自由になっていく社会が目指されている。国際的な人の移動の活発化は，ILOの役割りをさらに重要なものにしていくであろう。

2005年11月にILOは「労働力移動に関する権利に基づく多国間枠組み：労働力移動への権利に基づく取組みのための拘束力のない原則とガイドライン」を採択した[3]。副題のとおり，拘束力は持たない法文ではあるが，未開拓の

分野だけに意義がある。こうした政策は ILO 以外に施行することはできない。広い範囲にわたって移民の関係する総合的な対応策に言及している。

さらに，2008年6月に，ILO はグローバル化のための社会正義に関する ILO 宣言を採択した[4]。この宣言はグローバル化の社会的側面を強調する必要性に触れ，公正なグローバル化を促進することを宣言している。そして，フィラデルフィア宣言以来の ILO の再生を期する宣言として重要視している。

具体的には，ディーセントワークの実現に向けて雇用，社会的対話，社会的保護，労働における権利等さまざまな論点に触れている。その中で，社会保障（社会的保護）については，以下のように述べている。

「持続可能で，各国の状況に適合した社会的保護——社会保障及び労働者保護——の方策を展開し強化すること。
・必要とするすべての人に最低限の収入を提供する方策をはじめ，社会保障をすべての人に拡大し，その適用範囲と適用対象を，急速な技術的・社会的・人口学的・経済学的変化から生じるニーズと不確実性に適合させること[5]」

まだ具体的な政策の展開にまでは至っていないが，自由化の流れの中でその役割りを後退させてきた ILO に託された起死回生の政策がグローバル化対応であろう。さらに，2011年に開催された ILO 第100回総会では，第6議題に「社会正義と公正なグローバル化のための社会保障」が掲げられた[6]。まだ，具体的な政策として法制化される準備段階であるが，改めて社会保障の必要性，意義，財源，ガバナンス，ILO 基準の役割り等について再検討された。

3. ILO 社会保障政策の課題

近年の ILO は活動に精彩を欠いているように思われる。いくつか構造的な要因がある。第1に，ILO の社会保障政策は究極的には，賃金労働者のための社会保険を主な対象としてきた。そこでは，自営業者や労働者以外は重要視されてこなかった。さらに，「労働者」とは暗黙のうちに正規のフルタイム労働者を想定してきた。非典型労働者へのアプローチが貧弱であった。だが，近年の社会では，ILO が重要視してこなかった領域の重要性がますます大きくなっ

てきている。このような政策対象の限定がILOの特徴でもあり、また、ILOの限界ともなってきた。

　第2に、かつては労働・社会政策を扱う国際機関としてILOは独占的な役割りを担っていたが、第二次大戦後は国際連合の諸機関やその他の公私国際機関が台頭し、ILOの縄張りが奪われてきた。例えば、UNICEF、UNESCO、WHO、世界銀行、各種NPO、NGO等が独自の領域で活動を展開してきている。単に守備範囲に限らず、ILOと異なる政策を展開する組織もあり、ILOの存在意義は小さくなりつつあった。

　第3に、政策の中身になるが、ILOの活動は労働者の保護であり、企業行動への規制である。世界的な「規制緩和」「民営化」の路線は、伝統的なILOのやり方の逆を行くものである。労働法はじめ社会保障においても、この流れはILOの活動にとっては逆風となっている。福祉政策では、アメリカをはじめ「小さな政府」や民営化路線はILOとは一線を画す方向を目指しており、ILOは古くて保護主義的な機関として敬遠されつつある。

　第4に、条約の採択と各国の批准に関しては、近年ILOの活動の成果は停滞しているように思われる。いくつか理由が考えられるが、世界的な経済停滞期に入って、各国が社会保障の削減や後退を余儀なくされていること、さらに、開発途上国での制度化が遅々として進んでいないこと等が挙げられよう。もともとILO条約が適合するのは、主に先進諸国である。ILOは開発途上国のために役立っていないという反省から、ソマビア事務局長体制になって政策転換したはずであるが、著しい成果は見られていない。

　第5に、ILOが依拠した社会保障は欧州モデルである。より具体的には前述のとおりビスマルク主義的な職域を基礎としたモデルである。つまり、ILOは欧州の社会保障を世界中に移植しようとしてきた。しかし、特に開発途上国に欧州の社会保障制度を導入することは困難であるだけでなく、必ずしも望ましいことでもない。アジアはアジア独自の福祉ニーズがあり、独自の手段もある。これを前提とした社会保障が構想されるべきであろう。

　例えば、社会保障の導入に際してILOは政労使の三者構成の審議会を前提

とする。だが，民主主義の成熟していない開発途上国には労働組合が機能していない国も少なくない。ILO が急造で立ち上げた労働組合は，すぐに，うまく機能するはずがない。アジアでは，家族や企業が福祉的な役割りも担っている場合が多く，地域共同体も福祉的な機能も持っている場合がある。これらの伝統的な地域特性を活用した社会保障モデルがあっても良いはずである。

第6に，多くの ILO 基準を概観すると，拘束力を持ち実効性の強いと思われる条約ほど批准国が少なく，逆に，あまり重要な意義を見いだせないような条約ほど批准国数が多い。つまり，政策効果と批准国数がトレードオフの関係になっている。これは ILO の政策の本質的な問題といえよう。

いずれにしろ，ILO の活動は 1970 年代の経済危機から停滞しているように思われる。最近になって規制緩和の弊害が指摘されつつあり，一部で再度，保護主義に回帰しつつある場面も出てきた。日本の派遣法改正の流れもその良い例となろう。グローバル化の時代に，新たな役割りが ILO に求められている。

4. グローバル化時代の ILO の新たな役割り
社会保障制度のさらなる普及

社会保障に関する ILO 条約の中でも最も重要視される 102 号条約にしても，2011 年 2 月現在の批准国は 47 カ国である。この数は長期にわたって非常に緩やかな伸びにとどまっている。1990 年当時は 31 カ国であった。1990 年代に 8 カ国，2000 年以降も 8 カ国が批准しており，やや増加傾向にある。ただし，その多くが旧社会主義諸国を中心とした欧州諸国である。

ILO は 2008 年に「公正なグローバル化のための社会正義に関する ILO 宣言」を採択した。その中で「必要とするすべての人に最低限度の収入を提供する方策をはじめ，社会保障をすべての人に拡大」させることを「戦略目標」として掲げている。古くて，新しい ILO の課題である。

南北問題が存在する。経済格差に限らず，教育や福祉社会の面でも大きな格差が世界レベルで存在する。人の移動が活発になることは，こうした格差を縮小することに貢献できると思われる。経済格差だけでなく，社会システムの格

差にも縮小の機会となり得る。開発途上国出身者が先進福祉国家の社会保障の恩恵にあずかる機会が増え，平等待遇の拡大により本国にも先進諸国の社会保障給付が提供されることも増えるであろう。

　特にアジアを考える場合，人口も貧困も大きいアジアにおいて社会保障制度の普及が遅れている。社会保障の最低基準に関するILO102号条約にしても，アジアでは批准はわずかに日本だけであり，南米やアフリカにも大きく後れをとっている。グローバル化の進行はアジアの社会保障にとっても可能性を高める機会である。経済成長著しいアジア諸国が経る次の過程が，社会保障の整備ではなかろうか。

　また，開発途上国出身者が社会保障をよりよく理解することで，先進国における不平等待遇に対して正式に抗議し，平等待遇を求めることができる。その際に，ILO基準は外国人が依拠すべき理論的根拠として外国人を支援できるし，各国政府との間の仲介者となることができよう。本国にいる子供に単身赴任の父親の雇用国から家族給付が送金されることもあるし，帰国後に本国で年金の送付を受けることもあろう。社会保障という制度を介して，先進諸国から開発途上国に送金されることになる。これはODAでも国際援助でもなく，当然の権利として行われる。

　また，先進福祉国家を体験した移民が母国に帰って，社会保障の最も良い理解者として導入への推進力になることも予想される。ILOのさまざまな活動にもかかわらず，戦後の開発途上国への社会保障の導入，発展は遅々として進まなかった。グローバル化が進行しつつある現在こそ，社会保障の普及への好機となる可能性がある。

ILO社会保障政策の統一化

　これまでのILOの社会保障基準に関する条約の中で，未解決の部分が残されていた。今後，その問題への解決を図るのが至近の作業と思われる。第1は，社会保障制度のうち公費負担の制度に関して，外国人を除外することの是非である。具体的には，35号から40号，97号，102号条約においては，公費負担

の制度については，内外人平等待遇原則の適用が除外されている。

　社会保険制度においては，外国人も国民と同様に強制適用され，保険料を払えば当然の権利として受給権が確定する。ここでは外国人も平等に扱われる。しかし，税金を財源とする社会保障制度については，外国人の権利を必ずしも認めず平等待遇が拒絶される場合がある。日本の生活保護もこれに該当する。課税は外国人にも平等に適用されるのであるから，税金に基づく制度も等しく外国人にも適用されるべきであるが，ILOの姿勢は一貫していなかった。

　第2に，内外人平等待遇の原則を非正規入国外国人に適用しないと明確に規定しているのが，97号，143号である。他方，他の条約については，非正規外国人にも平等待遇が適用されるように理解できる。つまり，条約によって基本姿勢が違っている。各国の対応も異なるが，だからこそ，ILOは国際基準によって統一的な原則を示してもらいたい。大筋では，将来的には非正規外国人にも平等待遇を認めていく方向になってくると思われる。

　こうした一貫性に欠けたILOの活動姿勢は，各国の多様な対応を助長してきたともいえよう。今後は早い時期に統一的な原則を打ち出すべきであろう。議論は多いが，ILOが確固たる統一見解を示すことで，世界の国々をリードする役割りが求められている。

国内社会保障法における国際化対応

　医療や福祉関係従事者の国際的な移動が活発化している。これまでの議論は社会保障の適用対象者や受給者として外国人が存在していたが，今後は社会保障の提供者として外国人が登場することになる。今後は労働法規と連動して外国人の社会保障の権利についても整備していくことが求められていく。

　ILOには，内外人平等待遇原則からさらに一歩踏み込んだ政策が期待されるのではなかろうか。第1に，社会保険だけでなく各種社会福祉サービスまで含めた社会的な権利の保護等まで政策対象を広げることが望まれる。第2に，間接的な差別への対応である。国民と平等であっても外国人の状況によっては実質的な差別待遇に相当するものもある。短期の滞在，居住要件，権利保持等の

側面から国民と平等であっても，実質的に外国人を排除する制度もある。これらの措置を是正する活動が求められよう。第3に，今後大きな問題になるのは不法滞在外国人の取扱いであろう。多くの国々で不法滞在者には社会保障の受給権を認めていないが，国によって，制度によってこれを認める場合もある。判断の分かれるような事案に関しては，ILOのような国際機関が一つの規範を示すことは大きな意味を持つ。

人の国際移動への対応としては，国内制度の外国人への平等な適用の他，もう一つ別の側面もある。外国に出て行った自国民への母国の社会保障の適用である。理論的には，すべての受入れ国が外国人に平等待遇を認めれば，問題はなくなるはずであるが，現実にはなかなかその域まで到達することは困難である。また，基本的な社会保障制度を確立していない国々も多い。そこで，海外の自国民に出身国の社会保障がどう適用されるか重要になる。

属地主義に従えば，適用されないことになる。すでに，特定の国々では海外在住の自国民に拡張適用を実施している。基本的には各国の自治の問題であるが，グローバル化を背景にしてILOが基本原則を示すことは意義があると考える。

国際社会保障協定に際して

今では世界中の国々が競うように協定の締結に動いている。その国際社会保障協定の内容であるが，内容は当該国の社会保障制度の内容に応じて著しく異なる。日本の場合でも，対象が年金のみかそれ以外の制度も含むか，同じ年金でも老齢年金のみか，遺族年金や障害年金の取り扱いは協定によって異なる。ある国の同じ職場で働く外国人の間で，出身国によって適用される内容が異なることになる。行政組織にとってもこのことは業務の煩雑化をもたらし今後の管理が困難になると予想される。

こうした無秩序の国際社会保障協定の乱立に対して，統一的な基本原則を示す国際機関の役割りが必要とされている。欧州では，EUが27加盟国に関して統一的なEU「規則」によって，各国の社会保障制度の調整が行われている。

欧州評議会では，加盟国間での社会保障協定に「整合性」を持たせる目的で，社会保障モデル協定を示している[7]。欧州の経験を世界中で共有できるように，社会保障協定に関しても協定内容の国際基準や原則が構築されることは有益であろう。特定国間ではさまざまな協定がばらばらに締結されているが，さらなるグローバル化を想定すれば，将来の混乱が見込まれる。社会保障協定の国際基準化は，さらなるグローバル化への誘因にもなっていくだろう。これができるのは ILO 以外にない。

新たな社会的リスクへの対応

ILO は 102 号条約にもあるように，疾病，医療，老齢，遺族，障害，失業，労働災害，家族，母性の 9 つの社会保障制度を扱っている。時とともに社会は変わり，社会保障へのニーズも変わってくる。新しい社会的リスクへの対応も必要となっている。その代表例は介護である。以前から要介護というリスクは存在したが，少子高齢社会においてそのニーズが拡大し続けている。国によっては介護保険を新たな社会保険として構築した国もあれば，税方式を基にした介護サービスを展開する国もある。ILO はまだ介護保障に関する対策を本格的に講じていない。

もう一つ ILO の活動範囲に入っていなかったのが，貧困対策である。公的扶助制度に関しては，ILO は大きな成果を残していない。とりわけ近年は先進諸国においても貧困問題が深刻になっているし，開発途上国においては社会保険より重要視される領域である。それにもかかわらず，ILO はすでに最低賃金を保証されている労働者を想定しており，公的扶助とは正面から向き合ってこなかった。ここに ILO の特徴があり，同時に限界もあった。今後は ILO も一歩踏み込んで社会福祉も含め積極的に貧困問題に取組むよう期待される。

最後に，社会保障全般を政策対象とする国際機関は ILO 以外にない。各国において社会保障改革が繰返され，グランドデザインの議論が必要とされている。ILO が社会保障の全体像に関するイニシャティブを発揮する役割りが期待される。

【注】

（1） ILO, "ILO Declaration on Fundamental Ptrinciples and Rights at Work", Geneve, 18 June 1998.
（2） (財)日本ILO協会編『講座ILO（国際労働機関）（下巻）』1999年，338-339頁，所収の佐藤進論文。
（3） ILO, "ILO's Multilateral Framework on Labour Migration; Non-binding principles and guidelines for a rights-based approach", 2006.
（4） ILO, "ILO Declaration on Social Justice for a Fair Globalization", 2008.
（5） Ibid., pp.9-10.
（6） ILO, "Social Protection Floor for a Fair and Inclusive Globalization", 2011.
（7） Council of Europe, "Co-ordination of Social Security in the Council of Europe", 2004, pp.73-87.

第2節　EUの新たな社会保障政策

 2000年のポルトガルでの欧州理事会において，EUは久しぶりに活発な動きが見られた[1]。加盟国の拡大も大きな起爆剤になった。ここでは社会保障に関係する領域を対象とし，2000年のソーシャルアジェンダと2005年の新ソーシャルアジェンダ，さらに，2008年の更新されたソーシャルアジェンダを取上げ，EU社会保障政策の新たな方向を明らかにしたい。

1. 2000年ソーシャルアジェンダ

 2000年3月にポルトガルが議長国として開催したEUの欧州理事会は，2010年を目指し広い領域にわたり戦略目標を設定した[2]。リスボンでの欧州理事会は，EUの戦略目標として，「より多くのより良い仕事とより大きな社会的統合を可能にし，維持できるように，世界で最も競争力があり，ダイナミックな知識集約型の経済を構築すること[3]」とした。

 アジェンダで強調されていたのは，雇用である。具体的には，2000年当時61％であった雇用率を2010年までに70％に引き上げることを最終目標とした。特に，雇用における男女平等を追求し，2000年に約51％であった女性の雇用率を2010年までに60％にまで引き上げることを目標化した。そして，経済政策と雇用政策と社会政策の相互作用を強調した。

▌雇用開発

 最初に掲げられたのは，「より多くの，より良い仕事（more and better jobs）」であった。特に，長期失業者，障害者，高齢者，外国人等少数派労働者に対して積極的な雇用政策を展開することで，雇用拡大を目指している。単なる雇用の量的拡大だけでなく，雇用の質を問題としている。労働環境の向上，労働条件の改善をはじめ，男女平等から雇用保障，労働衛生や安全にいたるまでの労働の質の向上を主張している。

長期失業の課題に取組むために，地域統合を含め地域の雇用能力を高め，地域雇用戦略を欧州レベルで支援することを主張している。そのため，生涯学習や長期の職業訓練・再訓練を通じた技術・能力の向上に言及している。さらに，欧州市民の移動を促進することが強調された。その具体的な提案の中で，「移民労働者が社会保障の権利を保持することを保障する『規則』を現代化し，関係法規を改善する」こと，および「EU域内を移動する労働者のために，補足年金の受給権を保護する規定を強化する」ことが掲げられている。

貧困対策

基本的には，前提である経済成長と完全雇用が達成されれば，貧困対策や社会的排除の問題は自動的に消え去るという考えである。だが，実際には，貧困や排除の問題は存在している。リスボン欧州理事会は貧困撲滅のために決定的な影響を持つ以下の施策を強調した。

① 2001年6月までリスボン欧州理事会が定義した「整合化」オープンメソッドに従って，各国政府の貧困対策として2年間の活動計画を作成する。
② 新しい情報通信技術が社会的排除を削減する可能性を追求していく。このため，「e-Europe 2002年，すべての人のための情報社会」の欧州委員会活動計画を施行する。
③ 社会保障が提供する最低所得保障に関する1992年勧告をフォローアップし，その進展を監督するために可能な活動を検討する。
④ 社会的，空間的な人種隔離に対処するための加盟国政府の地域政策における努力を支援するため，各国の経験を交換する。
⑤ 社会的包摂の奨励に関して，EUの「平等待遇」関係の活動を含み，欧州社会基金の影響を評価する。
⑥ すべての差別と戦うEU法の施行を保障する。この関連政策を強化するために過去の経験と成功事例の交流を進める。
⑦ 欧州市民と同等の権利と義務を第三国出身者に与えることを目指した積

極的な統合政策を行う。統合政策に関する各国の経験を交換する。
⑧ 2003 欧州障害者年を通じて，すべての生活部門において障害者を完全に統合することを目的とした活動を発展させる。
⑨ 労使団体，非政府組織，地方自治体，社会サービスの運営組織等と合理的なパートナーシップを確立する。社会的責任を強化するために企業もこのパートナーシップに組み込む。

社会保障の現代化

　加盟国の社会保障制度は国によってかなり異なるが，近年の改革の試みは基本的には共通する動きを見せている。したがって，加盟国が協力関係を強化して，新たな福祉国家へのチャレンジを展開していくべきである。ここで，社会保障の現代化を改めて主張している。社会保障の現代化は伝統的な社会保障の基本理念である「連帯」を必要とする。現代化された社会保障は，労働市場への参加を強化するものである。

① 将来の年金制度を保障するための対策について，加盟国間で情報交換し協力関係を築く。2001 年のスウェーデンにおけるストックホルム欧州理事会，ゴーテンベルク欧州理事会で議論する。
② 加盟国の政策に基づいて，労働による所得保障を奨励し，仕事と家庭生活の両立をはかる。
③ 2003 年までに高く維持可能な医療がいかに保障されるか調査研究を行う。人口高齢化の影響も考慮し，雇用・社会政策評議会および保健評議会に結果を報告する。
④ 欧州委員会は研究成果を基にして，良質の保健医療サービスや保健商品への国境を越えたアクセスについて，状況の変化を検討する。
⑤ アジェンダの対象期間を通じて，社会政策における緊密な協力関係を分析，評価することができるようにする。

男女平等の推進

　社会政策に関するアジェンダのすべてにおいて，男女平等は国境を越えて堅持されなければならない。加えて，意思決定の過程への女性のアクセス，平等な権利の強化，労働と家庭生活の調和に関する特別な対策がとられるべきである。

① 男女平等の概念をすべての領域において統合する。特に，社会政策に関しては，政策の立案，監督，評価にいたるまで男女平等を考慮する。
② 加盟国における公共部門，そして，経済・社会部門において女性の意思決定過程への参画を増やす。
③ 「2001-2005年男女平等に関する共同体の枠組みに向けて」と題する欧州委員会「通知」を制定する。そこでは，1976年の男女平等に関する「指令」を採択し，提案されている改正を検討し，2003年までに雇用や職業生活以外の分野において「指令」を採択することで男女平等の権利を強化する。
④ 特に，欧州ジェンダー研究所を通じてこれまでの経験と情報の蓄積の周知を拡大し，専門家のネットワークを形成する。そのための研究を2001年までに完了する。
⑤ 労働，特に賃金に関して男女平等を促進するように計画された活動を強化，拡大させる。既存の女性企業の活動を発展させる。
⑥ 育児と介護の質を向上させることで，労働と家庭生活のよりよいバランスをはかる。

EU拡大と対外関係の側面からの社会政策

　加盟国の拡大は，EUの社会的分野においても非常に大きな影響を及ぼす。既加盟国と新加盟国全体で経験を共有し，協力して問題に取組んでいく必要がある。特に，完全雇用の達成と社会的排除の対策は，統合された経済社会アジェンダに従って，共同して対処されなければならない。

① 拡大 EU における経済的・社会的進展を促進する目的に従って，労使団体と連携して拡大 EU の社会政策全般に関して定期的に意見交換し，欧州雇用戦略や貧困，社会的排除対策に関して援助し，その分野に関して社会的対話を支援し，加盟候補国の NGO 組織の発展に寄与する。
② 国際機関に関連した国際社会政策に協調したアプローチを発展させる。
③ 特に，ジェンダーに配慮した貧困対策，保健・教育の発展等に関する社会的側面の協力関係の政策を強化する。

2. 2005-10 年のソーシャルアジェンダ

　2005 年に欧州委員会は「2005-2010 ソーシャルアジェンダ」を発表した。2000 年リスボン会議で示された政策を継承し，2010 年をめざし EU の活動をさらに盛り上げようとしたものである。副題に「グローバル経済におけるソーシャルヨーロッパ：すべての人のための仕事と機会」と記した[4]。ここでも，完全雇用への移行と統合社会がテーマになっている。

▍自信の回復

　「集団の活動能力を改善することによって欧州社会モデルを現代化することと，すべての人に新たな機会を提供することを目的としている[5]。」 政策対象は，失業，貧困，不平等，差別となる。ソーシャルアジェンダの施行に際しては，EU はいろいろな手段を持っている。法制化，社会的対話，財政支援，そして，「整合化」オープンメソッド等がある。欧州社会基金（ESF）は，加盟国の政策を EU が採択したガイドラインや勧告に沿って実現させるための支援となる。

　EU の政策変化の国際的な影響をいつも考慮しなければならない。国連や ILO，OECD，IMF，世界銀行，WTO をはじめ，国際機関と社会的側面のグローバリゼーションについて連携しなければならない。福祉先進地域として，欧州は欧州社会モデルを世界に広めていくことが望まれる。

2つの優先分野

① 完全雇用：労働の質と生産性の向上と経営スタイルの変更による雇用創出

経済成長をもたらす活力ある社会の創造のためには，より多くの労働力が必要である。したがって，欧州は労働の質と量，そして，生産性により積極的に介入しなければならない。また，経済移民の問題にも取組まなければならない。

産業構造の変化や就業形態の多様化によって，労働法の内容も大きく変容を遂げている。欧州委員会は労働法の発展に関してグリーンペーパーを採択し，労働法の新たな枠組み形成を急いでいる。欧州委員会は，特に，企業の社会的責任を追及し続ける。加盟国政府と利害団体と協力して，欧州委員会は企業の社会的責任の透明性の向上とさらなる展開を奨励する活動を行う。

労働者の自由移動はEEC創設時からの大きな目標であったが，現在でも必ずしも達成されたわけではない。リスボン会議に基づき，労働市場におけるさまざまな障壁を除去するために欧州委員会が提案したのが，職域年金制度であった。欧州レベルでの職業紹介サービスのネットワーク化にも働きかけていく。

2005年に欧州委員会は，労働者の移動拡大の効果を評価する専門家委員会を発足させ，報告書が作成された。さらに，加盟国拡大による移民行動の変化に関する監視，評価を継続的に行う研究を開始した。

② 統合社会：すべての人への機会均等

[社会保障制度の現代化]

加盟国は等しく長期にわたる社会保障改革を実施している。「整合化」オープンメソッド（OMC）は，共通する目標を設定しているが，目標達成への方法や手段は各国の選択に委ねられる。欧州社会基金は，社会的包摂政策の施行に貢献する。「整合化」オープンメソッドは本来，排除，貧困，年金に適用されるものであったが，政府や労使，自治体，市民団体等によって広く有効性を発揮してきた。

2006年からは，「整合化」オープンメソッドが保健，介護サービスの領域において適用されるようになった。このことは普遍的なアクセス，サービスの質，

財政の安定の3つの課題をめぐって重要な改革となる。欧州委員会は「整合化」オープンメソッドが施行される方法が合理的で単純化されるよう提案する。

［貧困対策と社会的包摂の促進］

　貧困のリスクに瀕している人の割合は，EU全体で拡大している。欧州委員会は，過去のソーシャルアジェンダに登場してきた各国国内の最低所得保障制度を議論した。「整合化」オープンメソッドに刺激され，各国は最低所得保障制度をより効果的に改革する準備をしている。しかしながら，現状ではまだ多くの人々が雇用も最低所得も保障されていない。

　欧州委員会は何故既存の制度が十分機能しないのか，2005年から労使団体等と協議を始めた。欧州委員会はまた，「2010 貧困と社会的排除と戦う欧州年」に向けて活動する。社会的弱者の状況を2000年から2010年の10年間の推移としてまとめる。

［多様性の受容と差別禁止］

　2004年に「拡大EUにおける平等と無差別」と題したグリーンペーパーが公表された。これを受け，2005年に欧州委員会は新たな政策計画を打ち出した。EUの既存の政策を補足する諸活動の可能性と関連性について言及している。特に，少数派民族の問題を重視した。2007年を欧州機会均等年とし，この問題の重要性を改めて訴えた。

　2000－2005年のリスボン戦略は終わったが，男女間の差別は依然として大きく残されている。賃金水準から就職，職業訓練，キャリア形成，昇進，家庭における役割り，意思決定への参加等々，多くの男女差別がある。2004年には，欧州ジェンダー研究所が設立された。欧州委員会は新たな提案をし，成功事例の情報交換を行う。障害者の機会均等に関しては，欧州委員会は活動計画を作成し，2年ごとの欧州障害者デーに障害者の状況に関する報告書を出版する。

［一般的な社会サービス］

　欧州委員会は2004年に一般的なサービスに関するホワイトペーパーを公表し，2005年には一般的な社会サービスがより良く機能し，現代化するような枠組みを明確にするための「通知（コミュニケーション）」を制定した。社会サー

ビスがどのように組織され，どのように機能するかに言及し，多様な領域において現代化しつつ，質の向上に貢献するだろう。

2005年，欧州委員会は条約86条(3)と経済的な公益サービス（SGEM）の財政のための調整に基づく「決定」を採択した。つまり，公益サービスに与えられた経済的な政府援助は，EU法と矛盾しない。欧州委員会は特定範囲内で公的サービスの補償額の届出を免除しようとしている。病院，社会的な住宅等には，特別な条件が適用される。多くの社会サービスがこの「決定」の恩恵を受ける。

3. ソーシャルアジェンダの更新

2005年の新たなソーシャルアジェンダの計画期間も終盤にさしかかった時点で，今後の21世紀の社会を展望して，ソーシャルアジェンダの更新が企画された。2008年7月には，更新されたソーシャルアジェンダが発表された[6]。

まず，この間約10年のうちに欧州の環境も次第に変化した。深刻化する経済情勢，人口高齢化，貧困化の拡大，若年失業者の増加等がとりわけ強調された。そして，こうした問題への対応を意識して，更新されたソーシャルアジェンダでは，次の項目を検討課題として提示した。

① 児童と若年者対策
② より多くの，より良い職業のための投資
③ 人の移動の促進
④ 長期の健康な生活保障
⑤ 貧困と社会的排除対策
⑥ 差別対策
⑦ グローバル化の視点からの機会，アクセス，連帯の増進

まず，更新ソーシャルアジェンダで真っ先に掲げられた「児童と若年者対策」では，教育の質の向上と生涯学習の奨励に触れている。特に，移民家庭の児童や若年者の教育の機会の充実が新たなチャレンジとして取り上げられている。

第 7 章　国際機関の新たな社会保障政策　◯──　173

他方，貧困家庭の児童の就学支援にも言及している。

「人の移動の促進」については，労使団体と政府で構成するフォーラムを組織化し，いかに労働移動を向上させるか審議を続ける。特に，研究者，若年起業家，若年労働者，ボランティアの国際移動を重点的に検討するとしている。他方，職業資格の相互認定をより効果的に運営するための「規則」を制定する計画である。

「長期の健康な生活保障」については，ソーシャルアジェンダでは初めて掲げられた項目である。国境周辺居住の患者の便宜を図って，周辺国間の安全で合理的で効果的な医療サービスの提供を保障するための「規則」を制定する準備に取りかかった。その前提として，情報提供や高齢者の自宅での居住環境の改善を目指すものである。欧州レベルでの高品質の医療サービスの提供も新たな検討課題とされている。実際に，2011 年 3 月 9 日の国境周辺の医療への患者の権利の適用に関する「規則[7]」が制定され，活動が始められている。

さらに，「グローバル化の視点からの機会，アクセス，連帯の増進」も新たに付け加えられたテーマである。ここでは，ILO との連携を図り，ディーセントワークを目指し，国際的な合意を促進し，再確認していくことが示されている。ILO 条約の EU 加盟国の批准を促し，新たな履行を訴えていく使命があることを強調している。

基本的にはこれまでのソーシャルアジェンダを前提に引継ぐ姿勢を堅持しながらも，時代に即した新たな視点が補足されていった。当初のリスボン会議の経済成長を重視したより積極的な立場から，約 10 年間の経済不況の蔓延と社会問題の進化により，若干路線を修正し，社会的な側面を強調せざるを得ない状況が垣間見える。

4．新たな政策論点

多様な問題に関して，相談，協議，調査，助言を行うか，あるいは，特定の機関を創設するというものがほとんどである。実際に法律が制定されて機能している事例は少なく，比較的小さな活動に終始する。問題解決に直接介入して

行動を伴うような法改正はごく少ない。欧州委員会の「コミュニケーション（通知）」にしても，実効力ある具体的な提案は少ない[8]。

　2005年新ソーシャルアジェンダは当然ながら2000年ソーシャルアジェンダを前提とし，これを踏襲している。2つのアジェンダの間にあるのは，この間の比較的良好な経済情勢と各種統計上の好材料であろう。2つのアジェンダを通していえることは，経済政策と社会政策の一体化である。全体としては，社会政策がかなり控えめに扱われ，社会政策が経済政策の一環に組み込まれている。経済政策の成功が社会政策の条件であり，社会政策も経済政策に貢献する性格を持つものでなければならないとの理解である。

　ところが，2008年に出されたソーシャルアジェンダの更新では，成長路線は影を潜め，より社会的な側面が強調されている。1970年代後半の社会的側面が強調された時点に似ている。同年に起きたリーマンショック以来，世界的な同時不況に陥った。強気の路線は当然ながら修正を強いられた。

　社会保障に関する限り，両アジェンダによって特別にEU社会保障政策が前進したとは思われない。むしろ，これまでの政策の踏襲ともいえよう。「現代化」政策は，すでにかなり前から登場していた。1990年代初頭のマーストリヒト条約の準備段階で，政策の行き詰まりの中「社会保障の自発的収斂化」の概念とともに，社会保障の「現代化」が主張された。各国の大きな社会保障の相違を前にして，「現代化」を叫ぶことが，各国制度の歩み寄りを意味していたのである。

　新規加盟した国々には，まだ，社会保障制度が十分機能していない国も含まれている。長い社会主義政権の後遺症で現代的な社会保障を構築できない国もある。各国が現代的な社会保障制度を導入することは，自発的な「調和化」につながる。しかし，この政策は各国政府の自発的な行動を前提としており，早期の政策効果は期待できない。

EU の政策論点
① すべての人のための政策

歴史的に遡れば，EU は当初から政策ターゲットが絞られていた。創設当時は，「労働者」の自由移動を保障するのが基本であった。国境を越えて就労する人が暗黙のうちに対象化されてきた。新ソーシャルアジェンダが「すべての人」と強調するのは，こうした動きに，機会均等，差別禁止の流れが加わったことによると思われる。機会均等や差別禁止も当初は，男女間での運動が中心であった。現段階では，さらに，障害者や貧困者等の社会的弱者まで広く包括的に扱った概念を用いている[9]。

特に，新ソーシャルアジェンダで強調されているのは，世代間の平等であった。具体的には，若年者の支援である。年金において若年者が過大な負担で不平等になりやすい。また，雇用においても若年者は解雇されやすく保障が手薄い。次世代を担う若者がむしろ差別的に扱われているのが現代社会となっている。

② 知識集約型社会

リスボン欧州理事会では，欧州が「世界で最も競争的でダイナミックな知識集約型経済であり，持続的な経済成長とより良くより大きな社会的統合が可能な社会である[10]」と述べている。そして，EU は情報・通信技術の分野での世界的な成功を予期し，それによって経済成長と高い社会福祉を維持できるとしている。確かに，欧州も情報化社会に突入している。だが，欧州が世界で最も競争力のある状況であり，それを長く維持できるか不確かである。情報・通信技術は，欧州だけに便益を与えるものではない。むしろ開発途上国にとって先進諸国と肩を並べる大きなチャンスとなるであろう。

そして，この不確かな前提条件が満たされなければ，今回のソーシャルアジェンダはまったく意味をなさないことになる。つまり，欧州が情報・通信技術の領域で競争に敗れるか，他の国々と差別化できない状況であれば，欧州だけ高い経済成長は見込めないし，高い福祉も維持できなくなる。

③ 「整合化」オープンメソッド

リスボン欧州会議が社会政策領域で最も注目されるのが,「整合化」オープンメソッドである。加盟国で「整合化」政策をとる際に,欧州社会基金から援助される。雇用戦略が中心であったが,社会的包摂や年金,保健,医療,介護等の分野でも適用されることになった。「整合化」を進める上での刺激になるだろう。

だが,「整合化」オープンメソッドの効果にも限界があろう。欧州社会基金も財政的に余裕のあるものではない。性格上,社会保障は莫大な財政規模を要する。雇用対策と違って,社会保障における「整合化」オープンメソッドの効果は大きくないであろう。本来,「整合化」オープンメソッドは加盟国の自発的な「整合化」を促す手段であるが,手段があるからといって即効果を挙げるとは限らない。日本の給付金のように,導入されてもほとんど機能せずに終了する場合もある。一つの道が開けたことは評価すべきだが,通る人がいなければ意味が無い。

2000年に導入されたこの制度であるが,社会保障領域ではまだ著しい成果が報告されていない。逆に,この制度の問題と適用困難を主張する報告が目立った[11]。EUが共通する政策を加盟国に求めても,それに応じられるかどうかは各国によって違う。例えば,社会保障においては,周知のとおり,ビスマルクモデルとベヴァリッジモデルがある。ベヴァリッジモデルに従った改革を求めれば,ビスマルクモデルに順じた国々は応じにくくなる。つまり,「整合化」オープンメソッドを活用しやすい国としにくい国があるはずである。

なお,社会保障の「整合化」に関しては,2004年4月29日に社会保障制度の「整合化」に関する「規則[12]」が制定され,1971年の「規則」に久しぶりに修正が加えられた。各加盟国間の相違を考慮しながら,「整合化」の「規則」を改善し,単純化する方向に向かっている。

④ 貧困と社会的包摂

今や,貧困は欧州でも最も大きな社会的リスクの一つになりつつある。特に,

新規加盟国の中には，国内に貧困問題が深刻な国々もある。また，他の加盟国でも国内に貧困問題が蔓延している。

EUレベルでの最低所得保障制度の導入が，これまでも主張され検討されてきた[13]。だが，実現に程遠かったのは，EUが最低賃金を保障されていて生活保護など必要としない「労働者」を政策ターゲットにしてきたからであろう。今回，ソーシャルアジェンダで貧困対策が強調されたことは，高く評価すべきであろう。

他方，ソーシャルアジェンダで「社会的包摂」と呼ばれる内容であるが，雇用への包摂一辺倒である。労働能力のない障害者や社会的弱者は，政策の対象にほとんど含まれないことになる。また，ソーシャルアジェンダでは，EUが既存の貧困対策がなぜ十分機能しないか協議するとしている。つまり，EUは相談者であり，調整役であるが，決して貧困問題に対して直接の活動家にはならないのである。貧困対策は，依然として各国の自治下にある。

⑤ 企業年金

年金については，社会保障の公的年金制度は1971年の「規則」により，EUレベルで「整合化」が行われている。権利保持や合算措置や送金等の「規則」が施行されている。ところが，私的な年金については，この「規則」は適用されてこなかった。今回のEU「指令」は，企業年金制度をターゲットにした。国境を越えて移動する人に対して，企業年金制度も「整合化」規定に従うことになった[14]。

各国において，年金改革が共通する流れを経ている。公的な年金が後退すると同時に，私的年金の重要性が改めて重要視されている。私的年金とはいえ，もはや自由な運営は許されなくなった。老後の所得保障として，私的年金も大きな役割りを担わなければならなくなった。企業年金「指令」は，加盟国間で企業年金の統一基準を設けている[15]。各国がこの基準に従って企業年金を運営すれば，当然ながらその結果としてEUレベルでの企業年金の「整合化」そして，「調和化」が進行することになる。

■ 欧州社会モデルの意義

　ソーシャルアジェンダで強調されていたのは，欧州社会モデルの刷新である。つまり，欧州社会モデルの下で，「すべての EU 加盟国の社会制度が経済的効率と社会的進歩の間の一貫性を刻んだ[16]」ものであり，今後の政策の基本となる考えであろう。しかし，この考えは特別なものではなく，むしろ当然のことである。これまで経済的な許容範囲以上の福祉を容認してしまったことが，福祉国家の破綻につながった。当然の論理を改めて示したことに意義があるかもしれない。また，この論理は欧州に限らず普遍的なものであろう。

　欧州委員会のハイレベル委員会の報告書では，「グローバリゼーションが欧州社会モデルに圧力をかけており，グローバリゼーションへの適応が必要となっている[17]」と述べている。そして，グローバリゼーションが新しい形の国際経済や公正な貿易ルール，そして，広い雇用政策や社会政策を要請しているとしている。この報告書では，最後に，欧州社会モデルが世界各国との開発協力にも貢献すると締めくくっている。

　新しい欧州社会モデルとは，一見してアメリカや日本の福祉国家モデルに接近しているように思われる。伝統ある欧州福祉国家が，より市場経済に密着した自由主義モデルに歩み寄っている。社会保障の民営化もその典型的な事例である。グローバル化へ適応すべきとしていることも，伝統的な欧州福祉国家モデルの終焉を暗示している。

　リスボン会議から 10 年が経過して，EU はこの 10 年間の計画の評価を行っている。そして，新たに 2020 年を目指して計画を作成してきた。EU 全体での経済成長を前面に打ち出している。そのための雇用政策，研究開発，環境・エネルギー政策，教育・訓練政策，そして，貧困対策にも言及されている。2020 年を目標として，貧困線以下の階層の市民数を 25％削減することを目標として掲げている。つまり，最低 2,000 万人が貧困から脱却することを意味している[18]。過去 10 年間で欧州は貧困化が進行し，所得格差が拡大したことを認識した上で，貧困対策は今後も重要な政策課題になることは明らかである。

第7章　国際機関の新たな社会保障政策 ○―― 179

【注】

（1）これ以前のEUの社会保障政策の経緯については，拙著『欧州統合と社会保障』ミネルヴァ書房，1999年の第2部を参照されたい。
（2）Employment and Social Policy Council, Adoption of the European Social Agenda", 2000.
（3）Ibid., p.1.
（4）European Commission, "The Social Agenda 2005-2010", 2005.
（5）Ibid., p.19.
（6）Commission of the European Communities, "Renewed Social Agenda: Opportunities, Access and Solidarity in 21st Century Europe", 2008.
（7）Directive 2011/24/EU of the European Parliament and of the Council of 9 March 2011 on the Application of Patient's Rights in Cross-border Healthcare.
Official Journal of the European Union, L 88/45, 4. 4. 2011.
（8）European Commission, "Modernising and Improving Social Protection in the European Union: Communication from the Commission", 2005.
（9）Communication from the Commission on the Social Agenda, COM (2005), IP/05/152.
（10）Lisbon European Council, "Strategic Goal for 2010", March 2000.
（11）例えば，次のナショナルリポートが象徴的である。
Zeitlin, J. & Pochet, P. (eds.), "The Open Method of Co-ordination in Action", P.I.E. Peter Lang, 2005.
（12）Regulation (EC) No 883/204 of the European Parliament and of the Council of 29 April 2004. Official Journal of the European Union. L 166, 30. 4. 2004.
（13）次の文献が代表的。
Deleeck, H., "Social security and 1992", in Pijpers, A. (ed.), "The European Community at the Crossrod", Martinus Nijhoff, 1992, pp.91-117.
（14）Communiques de Press, 20/10/2005.
なお，EUの企業年金指令については，すでに紹介してある。次を参照されたい。
拙稿「企業年金の新たな時代：EU企業年金「指令」をめぐって」厚生年金基金連合会『企業年金』2005年3月号，20-23頁，拙稿「EUにおける企業年金の新たな展開：2003年企業年金「指令」を中心に」国立社会保障人口問題研究所『海外社会保障研究』No.151，2005年6月25日，52-62頁。
（15）Official Journal, L 235/10, 23.9.2003.
（16）European Commission, "Report of the High Level Group on the future of Social Policy in an Enlarged European Union", 2004, p.27.
（17）Ibid., p.28.
（18）European Commission, "Progress Report on Europe 2020", Brussels, 2011, p.9.

第8章
課題と展望

　これまで社会保障分野におけるグローバル化の多様な側面を検討してきた。最終章では，経済・社会のグローバル化が社会保障にもたらしている影響を総括していく。さらに，今後のグローバル化がもたらすであろう新しい社会保障政策の課題を提示し，将来展望についても言及したい。

1. 国内社会への貢献

　社会保障のグローバル化対応は，国際社会への貢献だけでなく国内においても固有の社会問題への解決につながる。日本の医療や福祉業界では，外国人受入れに対して反対を表明してきた。しかし，日本の国益への貢献も正しく理解すべきであろう。

▍国際社会から国内政策への影響

　サービスを含めた貿易のさらなる自由化が世界レベルで進行している。経済政策のみならず，社会保障政策に関しても，国際社会の影響を受けている。日本の例で見ても，介護保険の導入に際してはドイツを参考にし，企業年金の改革ではアメリカを模倣した。現在は最低年金に関してスウェーデンが注目されている。このように，国内の社会保障制度の運営にあたってもすでに国際社会の影響が認められる。21世紀の社会を想定すると，世界の国々はますます国際社会の影響力を強めるものと予想できよう。

　EUでは「自発的な収斂化」が政策的に進められている。各国が相互に影響を受けあって，自然に同じような方向に向かって進んでいる。この動きをEU

が支援することで，加盟国全体で社会保障の接近化が図られる。強制力を使用しないため動きは緩やかであるが，収斂化の動きは着実に進展している。

社会保障改革にしても，財政難から模索している方向は各国とも近いものがある。もちろん政策には選択肢がある。各国にはアイデンティティーもある。しかし，その選択肢も幅が狭められているのが現状である。社会保障も生き物である。社会の変化に対応して，社会保障も常に変化している。こうした社会保障における各国の相互作用のダイナミクスについて，今後は研究対象とすべきであろう。社会保障における国際関係論が必要となっている。

社会保障では後発国である日本にとっては，先進諸国の事例は非常に貴重な参考資料となる。どの国の政策が日本の事例に合致し，効果をあげることができるか選択できる立場にある。失敗事例から学ぶこともあり，リスク回避の手段ともなる。

国内の労働力不足の解消

先進国には労働市場の歪みが出ている。国民の間では人気がなく，労働条件も悪く，労働力需要が満たせない職種が存在する。失業率の高い不況期でも人手不足の職種がある。かつては，重労働で危険な製造業や建設業等が代表的であった。現在では，介護や看護等もその内容に近い状況である。日本では，低賃金と労働条件の劣悪さ等から介護福祉労働者は不足傾向にあり，ホームレスの人でも就業したがらなかった。

外国人を受入れると国民一般の労働条件が悪くなってしまうとの指摘がある。しかし，看護師の事例でも，これまで外国人が入らずに長年推移してきたが，長年労働力不足であっても労働条件はあまり改善されていない。また，外国人が入るにしても最低賃金制度があり，外国人であることを理由に賃金が引下げられることはないはずである。

労働力不足の介護福祉労働の分野に労働供給が拡大することは，介護サービスの提供拡大を可能にする。ある種の問題を伴うこともあり得るが，このことが福祉産業全体の活性化にもつながる可能性がある。小さな市場で小さな保護

された事業として展開していくよりも、大きな市場にして人とお金が大きく動くビジネス展開にした方が経済効果が高いとも考えられる。

　日本は少子化が長く続いて、いよいよ総人口も減少を始めている。産業界では、近い将来における労働力不足が予想されている。現役労働力人口は当然ながら急には増えない。外国人の受入れ拡大は、一つの有効な労働力対策となりえる。このことで日本の経済を下支えし、経済活性化にも貢献できる。逆に、外国人を受入れないと先細りで、経済も消極的になる可能性が高くなろう。

日系企業の国際競争力の強化

　FTAやEPAを積極的に締結していくことは、日本の経済界、そして、日本の国益に大いに貢献する。言うまでもなく、日本は国際社会の一員である。日本は工業国として工業製品を製造して、世界中に輸出して経済が成り立っている。農産物貿易ではお米以外に自給できるものはほとんどなく、貿易を止めることは日本の生命を断つことにもなる。

　世界同時不況の最中、世界貿易のさらなる自由化が提唱されている。FTAやEPAを締結して貿易の自由化を促進することは、日本経済を拡大し、日本の国益に貢献する。日本経済のパイを拡大し、成長経済に導く可能性が高くなる。国内の雇用機会も増え、所得が増え、政府の税収や社会保障財源も自然に増加し、福祉の向上に至ることも考えられる。社会保障や社会福祉に配分される予算も潤沢になろう。

　逆に、日本経済が停滞したまま社会保障が改善されていくことは考えにくい。現状では、今の社会保障の水準を維持するためだけでもますます大きな国民負担を必要とする状況にあるといえよう。だが、かつてのように、今後もし経済成長が続き、パイが大きく拡大するような経済局面が訪れることがあれば、状況は一変するだろう。

日本の国際貢献

　日本が国際社会にできることもある。同じアジアの国として、アジア諸国に

おける社会保障制度の普及に関して ILO をサポートする役割りが担えるであろう。実際に，いくつかのプロジェクトが日本政府によって行われてきたが，成果は十分にあげられなかった。今後は実行力のあるサポートを展開していくことが期待される。

　さらに，ILO が基本にする欧州の社会保障モデルを普及させるだけでなく，そのモデル自体をアジアモデルに修正していくことも有意義と考える。例えば，家族内の介護が一般的なアジアでは，高齢者福祉施設のニーズが低いのは当然である。家族の他に，企業や地域（村落共同体）等が福祉的な役割りも果たしている場合がある。欧米先進国にはない環境条件に適合した社会保障モデルを提案していくのは，日本にしかできない作業ともいえよう。

　日本は世界で第2位の ODA 拠出国でもある。だが，日本の ODA のあり方についてはこれまで批判が繰返されてきた。日本の国益，つまり日本の産業界の利益を優先した拠出であり，商業主義的であると言われてきた。ODA 拠出の対象が日本の貿易相手国，特にアジアの国々に集中している。拠出対象がインフラ整備や経済的な投資に集中しており，教育，医療，福祉等の社会開発にはごくわずかな額しか提供されてこなかった。さらに，日本の ODA は借款の比率が高く，贈与の割合が少ない。

　日本の ODA を決定する組織が，外務省，経済産業省，財務省，経済企画庁といった経済に偏った編成であることからも，その基本的な考え方が理解できよう。人道主義の立場から開発途上国の国益に貢献できるような国際協力を展開するために，ODA のより多くの財源を社会的な側面に提供することが望まれる。アジアのリーダーとして，先進国としての日本に期待される役割りであろう。

　こうした日本独自の国際貢献が展開でき，国際社会から評価され信頼を得ることは当然ながら日本の国益につながる。日本の経済を安定させることにもなる。もはや，国際社会への貢献と国内への貢献は表裏一体の関係にある。いずれか一方が突出する事態は考えられない。

2. 社会保障の新たな視点
適用対象の拡大と受給要件の緩和

　人が自由に国境を移動するような社会になれば，各国の社会保障制度において適用対象に関する規定の変更を必要とするだろう。まず，社会保障に関する国内法をより柔軟にグローバル化対応させなければならない。少なくとも国民を対象に限定するような社会保障の規定は一掃されることになる。外国人を社会保障の適用対象から差別的に排除することは，もはや国際的に容認されない。

　税金や保険料に際しては外国人からも平等に徴収するのにもかかわらず，それらを財源として成立している社会保障制度の受益から外国人を排除することは，外国人の不当な差別に相当する。国家権力の下で強制適用させておきながら，その恩恵を認めないのは人道主義の立場からも認められない。先進国としては国家的な威信にもかかわることになろう。

　受給要件に関しても緩和措置が施されることになろう。被保険者期間等の受給要件に関しては，実際に外国人や在外滞在歴のある同国人に不利な影響を及ぼす。期間合算の導入や対象期間自体の短縮化や特別措置等によって，外国人等の特定の適用対象者に不利にならないような配慮が増えていくであろう。実際に，多くの国々で年金の受給要件としての被保険者期間はかなり短縮化されてきている。必要期間を設定していない国々もある。

　これは必ずしもグローバル化対応という意味だけではないと思われる。一般の市民にあっても，受給権の保護から受給要件の緩和が求められるところである。雇用形態が多様化し，正規の就労期間が短くなる傾向にあるのは先進国に共通の傾向である。同国民の間でも，女性や非正規雇用労働者をはじめ受給要件から除外されやすい人々がいる。

厚生行政の国際協力

　伝統的に内向きであった厚生労働行政も，次第に国際化対応しなければならなくなってきた。社会保障制度の管理運営においても，諸外国の厚生労働省と

連携する必要がある。二国間の社会保障協定がこの傾向を後押ししている。協定内容を施行するためには両国の行政の情報提供から各種相談サービスの連携が不可欠であり、協定の中に両国行政の協力・連携に関する条項がすでに盛り込まれている。出向先の国と母国の社会保障に関する情報が共有される必要がある。どういう条件下で、どちらの国の社会保障が適用され、どちらの国の社会保障が適用免除されるのか。相互の情報提供に基づいて免除も認められることになる。常に行政の連携が不可欠である。

他方、一般的な国際協力に関しては、外務省を窓口として主に経済官庁が主体的に展開してきた。しかし、日本の国益ばかり追求し、当該国の利害を軽視してきたため批判も多かった。厚生労働省は国際協力にはあまり積極的ではなかったが、今後は経済協力に加えて教育や福祉、保健、公衆衛生等の厚生労働省や文部科学省管轄での国際協力が求められている。特に開発途上国では、社会開発の遅れが顕著であり、日本が協力できる余地は大きいと思われる。

間接的差別規定の解消

国民に対する規定を等しく外国人に適用させることは、外国人を平等待遇していることになる。しかしながら、外国人の特性から、国民では問題ない規定が外国人にとっては不利益になる可能性もある。例えば、各社会保障制度の受給要件に、居住要件や長期の被保険者期間等が課されている場合、多くの外国人は実質的には受給が困難な状況に陥る。こうした局面では、事前に外国人の権利を配慮した制度設計が必要となる。

すでに議論したように、日本の年金が25年間の被保険者期間を受給要件としていることは、国際的に理解されないであろう。実質的に外国人に不利益をもたらしている。このような排他的な措置は変更を余儀なくされるであろう。国際協調や国際連携の進展は、社会保障制度の収斂化をもたらす可能性がある。社会保障の財源である税金や保険料の徴収に関しては、外国人も平等に義務化されているのにもかかわらず、受給の側面で実質的に排除するような規定を盛り込むことは外国人の権利侵害に相当するとも考えられる。

ILOをはじめ国際社会では，内外人の平等待遇の原則が共通して理解されている。各先進諸国でもこの方向に沿って展開してきた。しかし，ここで重要なのは，内外人平等待遇だけでは不十分であることである。滞在期間が短いことや，居住要件等から国民と平等待遇でははじき出されてしまう外国人もいる。特別な差別を行っていなくても，実質的には外国人の不利益に至っていることが多い。受入れ側の論理を先行することなく，国際社会と共存できる国益を考慮していかなければならない。

窓口申請のみ認め海外からの申請を認めなかったり，給付の送金を認めなかったり，国内居住の国民の場合は問題にならないような当然の手続きが外国人を排除してしまう可能性もある。こうした間接的な差別は，内外人平等待遇の普及だけでは解決しない。より積極的な外国人の保護措置が不可欠となる。

サービス供給体制の国際化

もはや是非論を超え，日本政府は介護福祉士や看護師の受入れの条文を含むEPAを特定国と締結している。また，今後も同様のEPAがより多くの国々と締結されるのは時間の問題となっている。これにより，日本の医療・福祉現場も変わっていかざるを得なくなっている。

外国人看護師や介護福祉士の受入れに際しては，まったく異なる国際対応が必要となる。研修の受入れ施設の調整や，就労の際の手続等，多くの管理業務がある。これまでのような一般的な外国人就労と異なる管理業務も必要となろう。すでに，介護福祉士においては，外国人を想定して准介護福祉士なる新しい資格まで創設した。現段階では，まだ研修のレベルであるが，今後は外国人の長期定住の場合も想定した受入れ体制が整備されなければならない。

また，これまで人手不足であった職種に外国人が入り労働供給が増加することは，当該職種のサービスの充実を可能にする。量的拡大が質的変化をもたらすこともあろう。現状では労働時間は長く，勤務体制が厳しいと言われる医療や福祉の労働条件が改善される可能性も高くなるであろう。いろいろな意味で外国人の受入れが日本にプラスに働く場面も少なくない。

一つ期待されることは，日本に存在するサービス供給の地域的な偏在を外国人が緩和してくれる可能性である。日本では，人も組織も都市部に集中している。そして，全般的に人手不足の傾向がある。開発途上国からやってくる看護師や介護福祉士は必ずしも都市部ではなく，日本人の間では人気のない地方の人手不足の地域に就職することも十分あり得る。また，より多くの外国人看護師・介護福祉士が来日すれば，地方を含めて広く日本国内の労働力となって医療や福祉を担ってくれるであろうし，地域格差の解消にも貢献するであろう。

「世界市民」の社会保障

　欧州ではEUの発展を受けて，「欧州市民」という概念を持ちこんでいる。イギリス人，フランス人，ドイツ人等であると同時に「欧州市民」であることが強調されている。EU域内の加盟国内であればどの国においても同じ権利を享受することが相互に認められている。同様に，ここではあえて「世界市民」を主張したい。各国が社会保障の適用に際して，国籍条項を撤廃し，地域でもなく，国家でもなく，地球全体の人類を一つの単位として，所得再分配の制度を構築する手段を模索したい。

　これまで社会保障の議論は，当然ながら各国の社会保障が当該国の国民を対象に展開されてきた。しかし，移民や難民，無国籍者もいる。各国の社会保障から漏れた人々もたくさんいる。特定国の国民であっても社会保障によって保護されていない人々もたくさんいる。世界中の人々を想定した社会保障は存在しなかった。世界中の人に貢献できるような社会政策を目指すには，各国政府が相互に協力し，公私の各種国際機関も加えて，国際社会の連携が必要となる。

　ここで主体となるアクターが区別される。第1に公的な国際機関がある。公的国際機関の代表は国際連合であり，社会福祉に関しても関係機関がある。WHO，UNICEF，UNESCO，ILO等がそれぞれの領域において，世界的な政策を展開している。最近は，世界銀行（World Bank）も開発途上国の貧困問題に取組むようになってきた。

　第2のアクターは各国政府である。EUのような国家連合体も含まれる。先

進諸国政府は，独自に政府予算の中から関係の深い国々に直接経済的な援助を提供している。政府のODAについては，これまでもいろいろな議論があった。先進国の経済に関係するような趣旨からの紐付き援助ではないかとか，現地国の実情に合致しない身勝手な援助であるとか，問題点が多く指摘されてきた。

最近注目を集めている第3のアクターが，NGOやNPO組織の活躍である。政府機関以外にも多くの団体が国際的な福祉活動を展開してきている。欧米では，社会保障や社会福祉が成立する以前から多様な任意団体が同様の活動を行ってきた。社会保障体制を政府が構築してからも，その勢いは弱まることなく平行して発展してきた。近年の社会保障の後退を受けて，NGOやNPOはその役割を増しつつある。

また，政府の支援が行き届かないような領域に独自の支援を展開するような強みも発揮している。政府の援助は，途上国の末端の貧民までたどり着かないということがよく指摘される。また，先進国からの援助が現地の人々のニーズに本当に合致しているのか疑問も述べられている。そういう意味では，現地に根ざしたNGOやNPOの活動がより実践的で有効な支援となる場合も大いにありえる。

NGOやNPOといっても多様であるが，一国内の人道的な福祉支援活動だけでなく，国際的な活動を展開している組織も多数ある。こうした多様なアクターが世界的なネットワークを構成し，世界中の市民を対象に社会保障政策の活動を展開していくことがグローバル化時代における国際社会保障政策となる。国境を越え，多様な組織で構成される国際社会が一つの運動体として世界市民の福祉を構築する新しい視点が必要となっている。

3. 福祉領域の国際貢献
経済開発と社会開発

開発途上国への支援の基本は，旧来，経済開発であった。経済開発をすることで，途上国が経済的に自立することができ，それによって先進国からの援助も将来必要なくなると考えられてきた。そこで，もともと自給自足的なのどか

な農業国家が，工業化し，都市化していった。道路ができ，港や橋ができ，工場ができて，労働者が都市部に集まってきた。しかし，これはごく一部の地域での話であり，都市部と農村部の差が拡大したと言われる。

　開発途上国では，相変わらず貧困問題が蔓延しており，教育の機会さえ十分に提供できず，経済不況とともにストリートチルドレンが増加していった。医師や医療施設も不備であり，保健所施設の導入も遅々として進まなかった。先進諸国からの経済インフラへの投資は，当該年度で終わり，雇用された労働者は解雇され，仕事もなくなった。美しいビーチはコンクリの港湾施設になったが，ここを利用するのは主に外国の大型船であり，外国企業であった。逆に，経済開発の弊害も指摘されつつある。乱開発により，自然環境が破壊されつつあるとの指摘も強い。また，伝統的な農村経済を破壊したとも言われる。

　国際社会福祉は援助する先進国の国益とは無関係に，人道主義的な視点から展開されるべきものである。開発途上国の人々の生活の改善に寄与するような社会開発への支援が重視されるべきであり，厚生労働省や文部科学省管轄の国際支援が展開されるべきであろう。

■額に汗した国際貢献

　他方，開発途上国からは日本はお金だけの国際支援に終始しているとの評価が聞こえてきた。今，開発途上国の人々にとって重要なのは人のつながりを重視した額に汗した国際貢献であるとされる。確かに，日本から開発途上国に人が直接出かけて行って，開発協力に奮闘している姿は非常に一部に限定される。むしろ，NGOやNPOの活動に多いかもしれない。

　近年，日本の人的国際貢献として自衛隊を派遣してきた。憲法違反との一部の指摘も受けながらも，イラク戦争時には後方支援として日本政府は自衛隊の派遣を実行した。これもまさに人的な国際貢献に違いないが，非常に政治的な範疇であり，必ずしも開発途上国の多くの人が歓迎しているものではない。

　ここで主張したいのは，福祉領域における人的国際貢献である。医療，福祉，教育，環境等の社会的な領域において，より多くの人材を派遣すべきである。

こうした額に汗した人的国際貢献には誰もが賛同し，歓迎するはずである。当地の人に喜ばれる社会的活動をより一層展開していくべきであろう。

開発途上国に欠けているのはハードだけではない。教員，医師，看護師，保健師，介護福祉士，ソーシャルワーカー等が派遣され，現地で技術やノウハウ，職業意識等多くのソフトを伝えることは非常に重要なことであり，望まれる人的国際貢献となることは明らかである。

さらに，人材養成のための施設をつくることも途上国の自立を考えるうえで重要である。技術援助は日本でも政府が次第に重視してきている。技術支援のためには，やはり日本の技術者が直接現地に出向し，現地の人々に技術を移転する過程が必要となる。そして，この技術を広く普及し，持続可能なものにするためには適切な人材育成施設や教育訓練制度が必要である。

例えば，女性が差別的に扱われる国々においては，女性の自立を支援するために女性の教育機会の提供，女性の職業訓練，女性の就労支援が必要不可欠である。女性への偏見や差別は，各地の歴史と習慣に基づくものでもあり，これを改めるには大変な改革が必要である。外国からお金だけ積上げても解決する問題ではない。

内外人平等待遇の普及

社会保障に限らないが，先進諸国において外国人の取扱いに関して一つの重要な原則が，本書で一貫して追求してきた内外人の平等待遇である。この原則に従って，社会保障においても外国人が差別されることなく当該国の国民と同様の待遇が認められる。ILO基準にもあるように，より多くの国々で国内の社会保障制度において内外人平等待遇を徹底させ，外国人にも平等に適用させていくことは，全体としてさらなる人の国際移動に貢献する。

開発途上国出身者であれば，もともと社会保障の権利もないまま先進諸国に移住している場合も多い。母国にはなかった社会保障が先進国から提供されることは，外国人にとっては幸運であり，福祉国家の意義を改めて痛感するであろう。彼らは社会保障制度の先駆的な理解者として，母国の社会保障制度の導

入に際しても有力な支援者となる可能性が高い。

　外国人に適用される社会保障給付は、本国の家族等にも提供されることもあるし、開発途上国の経済へも寄与することになろう。例えば、本国の家族に家族給付が提供され、帰国後に本国で年金を受給することは、先進国の社会保障制度を通じて先進国の富が開発途上国に移転することを意味する。しかも、これは国際協力や支援ではなく、正当な権利の行使として捉えられる。

　開発途上国と先進国には物価水準の差もあり、送金された社会保障給付は開発途上国では大きな金額になることが多い。帰国者とその家族が比較的豊かな生活を維持できるようであれば、ますます多くの人が移民に出るようになるであろう。フィリピン政府は海外への移民送出を積極的に進めている。海外フィリピン人の本国への送金が、フィリピン経済の大きな部分を占めている。賃金だけでなく、社会保障給付としても大きな所得移転の役割りを担っている。

国際社会保障協定の意義

　国際社会保障協定の開発途上国への貢献は、極めて大きいと思われる。移住先の国内で当該国民と平等に扱われるのは当然であるとみなされる。だが、まだ不平等な措置が残されているのが現状である。しかし、先進諸国での平等待遇の進展は国際移住に拍車をかけることになる。もちろん、国際社会保障協定の恩恵を受けるのは開発途上国の国民だけではなく、先進諸国も含めすべての国際移住者に恩恵をもたらすものである。EUの事例でわかるように、こうした国際的な取決めが不十分であると、国際移住による不利益が大きくなり移住が抑制されることになる。国際移住を進めることは、世界的に経済を活発化させると共通に認識されてきている。

　先進国側の社会保障にもよるが、国際社会保障協定の内容はすべて開発途上国国民にとっては利益になると思われる。二国間協定にしても、ILO等の国際条約を通じた展開にしても、開発途上国に貢献することは明らかである。

　先進諸国間の社会保障協定にしても、企業の海外進出をさらに促す効果を持つ。保険料の二重負担から解放されて、企業はますます海外進出しやすくなる

であろう。労働者にとっても，掛捨てがなくなる等のメリットがあり，海外での就労がやりやすくなる。

▍福祉移住の意義

　EPA と福祉関連労働者の移住拡大の意義について論じたい。国際社会保障では社会保障の適用対象について議論してきた。EPA による福祉移住は，社会保障の担い手である労働者の国際化を意味する。看護師や介護福祉士においてすでに日本でも動き始めたが，今後はさらに他分野における移住の受入れが進展していくことは国際的な展開から予想できよう。

　労働力の移動は経済の活性化につながる。移住先の国の経済のみならず，移民送出国の経済にも貢献する。先進国で得た賃金の一部は母国に送金されるかもしれない。契約が終わって帰国する場合も，先進国で身に付けた能力や技術は本国でも生かされるであろう。人的な国際交流が進めば，経済格差も縮小していくであろう。

　先進諸国においては，労働力不足の解決に貢献する。日本ではまだ警戒感が強いが，欧州の事例で紹介したように，すでに世界では医療・福祉領域の人的な移動は活発である。イギリスなどでは，外国人の存在がなければ医療体制が持ちこたえられないものと推測されよう。現在では，経済不況にもかかわらずサービス貿易の拡大によって世界的な経済回復が期待されている。もはや経済情勢によって受入れを決める時代を越えつつある。

　特定産業に限定的であった外国人が医療や福祉をはじめ多様な領域に入ってくることの意義は大きいと思われる。工業や建設業は，一般の国民からすれば目に見えない場所での労働が多い。医療や福祉分野は，逆に人と接するパーソナルサービスの分野である。この領域に外国人が入るということは，真に外国人を受入れることに等しい。病気や介護のケアを委ねるということは，本当に信頼関係がないとなかなかできないことである。これによって日本人による外国人の受容が進み，国際理解も高まるであろう。

▍南北問題への貢献

　以上のような，社会保障領域における国際的な展開は南北問題へ貢献する可能性がある。第7章で指摘してきたように，国際社会保障関係の政策は結局は開発途上国に大きく貢献してこなかった。ILO が国際基準を設定しても，これを批准し効果を上げるのは主として福祉先進諸国である。開発途上国には国際基準を満たした社会保障は過去も現在もあまり普及されていない。

　社会保障とは，本来は国内における貧困の解消と所得格差の是正に貢献するものである。しかし，国を超えると何の効果も及ぼさないものであった。ところが，本書が取上げたような国内社会保障の国際化対応，労働者の移動の活発化，国際基準の徹底は，先進諸国の社会保障の恩恵を開発途上国の人々に提供する機会を拡大している。つまり，福祉先進国の福祉を開発途上国に適用する流れが出来上がっている。このことは南北問題の是正，緩和に貢献する。

　先進国で働く労働者とその家族に対して，各種社会保障制度が適用され，福祉の恩恵にあずかれる機会が正当化される。現役労働者の時に先進国で就労し賃金を得て，帰国して老後を母国で迎え，年金を先進国から受給する場合，物価水準の相違から途上国の生活にとっては豊かな老後を保障されることもあろう。

　そのことは，開発途上国における社会保障制度化への刺激となることも確かであろう。先進諸国の社会保障を経験した開発途上国出身者は，社会保障の一番の理解者になるだろう。こうした移住者が増えれば増えるほど，その国での社会保障の制度化が可能性を高めていく。

　社会保障制度を介して，国際社会では南北格差を縮小することに貢献することができる。このことは各国の社会保障が本来的に目指したものではないが，結果として世界レベルの福祉の向上に貢献する。意図せざる結果である。しかし，今後はこれを意図する結果として，各国の社会保障制度の国際化対応の改善，整備を進めていくべきである。

おわりに

　本書では，社会保障におけるグローバル化対応をテーマに取上げた。前著『国際社会保障論』（学文社，2005年）では，普遍的な理論形成を重視し，日本については一切記述しなかった。本書は逆に，日本の事例を中心に世界の展開と比較考察した。対応が遅れていると思われる日本の現状と国際社会の動向を比較考察しながら，このテーマに迫ったつもりである。日本の社会保障領域におけるグローバル化対応の遅れを明らかにし，日本における「国際社会保障論」の必要性が改めて強調できるであろう。

　本書執筆中に東日本大震災を経験した。2011年3月11日午後2時過ぎ，7階の研究室で棚から本が飛び出した。多くの犠牲者，被災者が出た。日本の救援のために，多くの国々から救援がやってきた。多額の義捐金も開発途上国も含め世界中から提供された。日本経済を救うために先進諸国の為替介入もあった。グローバリゼーションを改めて実感した。もはや，日本も国際社会の中にいる。日本が世界のためにできることが，福祉領域においても検討されるべきである。福祉領域における国際貢献が今後の大きな課題となっていくであろう。

　本書はライフワークの通過点に過ぎない。しかし，多くの諸先生が等しく口にしてきたように，年とともに内外の仕事が増え，思うように研究できない状況に陥りつつある。そんな中で本書はようやく辿り着いた通過点とも言える。本書の仕上げ段階で，アメリカの協定校ホープカレッジで5カ月間の滞在中に執筆できたことは幸運だった。

　最後に，本書の出版に際しては，明治学院大学の2011年度学術振興基金から助成金を受けている。改めて，学院の御支援に感謝の意を表したい。また，出版をお認めいただいた創成社と担当された西田徹氏にもお礼申し上げたい。

　2012年2月　白金キャンパスにて

著　者

参考文献

[1] 高橋　武『国際社会保障法』至誠堂，1968年。
[2] 高野雄一『国際社会における人権』岩波書店，1977年。
[3] 荻野芳夫『基本的人権の研究』法律文化社，1980年。
[4] 斎藤惠彦『世界人権宣言と現代』有信堂高文社，1984年。
[5] 岩沢雄司『条約の国内適用可能性』有斐閣，1985年。
[6] 久保田洋『実践国際人権法』三省堂，1986年。
[7] 坂本重雄『社会保障と人権』勁草書房，1987年。
[8] 宮崎茂樹（編）『現代国際人権の課題』三省堂，1988年。
[9] 江橋　崇（編）『外国人労働者と人権』法政大学現代法研究所，1990年。
[10] 関東弁護士会連合会（編）『外国人労働者の就労と人権』明石書店，1990年。
[11] 行財政総合研究所『外国人労働者の人権』大月書店，1990年。
[12] 社会保障研究所（編）『外国人労働者と社会保障』東京大学出版会，1991年。
[13] アジア労働者問題懇談会『外国人と国際人権』海風書房，1992年。
[14] 外国人労働者弁護団『外国人労働者と権利救済』海風書房，1992年。
[15] 佐藤　進（編）『外国人労働者の福祉と人権』法律文化社，1992年。
[16] 京極高宣・小田兼三他（編）『社会福祉学レキシコン』雄山閣出版，1993年。
[17] 谷　勝英（編）『現代の国際福祉』中央法規，1994年。
[18] 高藤　昭『社会保障法の基本原理と構造』法政大学出版局，1994年。
[19] 吉岡増男『在日外国人と社会保障』社会評論社，1995年。
[20] 日本労働研究機構『欧米諸国における外国人労働者等への社会保障の適用』資料シリーズ No.50，1995年。
[21] 佐藤　進『国際化と国際労働・福祉の課題』勁草書房，1996年。
[22] 宮崎茂樹（編）『開設国際人権規約』日本評論社，1996年。
[23] 田端茂二郎『国際化時代の人権問題』岩波書店，1996年。
[24] 畑　博行・水上千之（編）『国際人権法概論』有信堂，1997年。
[25] 岡　伸一『欧州統合と社会保障』ミネルヴァ書房，1999年。
[26] 手塚和彰『外国人と法』有斐閣，1999年。
[27] ジェームズ・ミッジリー，京極高宣監訳『国際社会福祉論』中央法規，1999年。
[28] 荻野芳夫『外国人と法』明石書店，2000年。
[29] 仲村優一他（編）『世界の社会福祉　国際社会福祉』旬報社，2000年。

[30] 久塚純一・岡沢憲芙（編）『世界の福祉』早稲田大学出版部，2001年。
[31] 高藤　昭『社会保障法制概論』龍星出版，2001年。
[32] 高藤　昭『外国人と社会保障法』明石書店，2001年。
[33] 萩原康夫『国際社会開発』明石書店，2001年。
[34] 仲村優一他（編）『グローバリゼーションと国際社会福祉』中央法規出版，2002年。
[35] 国際社会福祉協議会『ドイツの介護・医療現場における外国人労働者』2004年。
[36] 岡　伸一『国際社会保障論』学文社，2005年。
[37] 多々良紀夫，塚田典子他（編）『イギリス・ドイツ・オランダの医療・介護分野の外国人労働者の実態』(社)国際社会福祉協議会，2006年。
[38] 国立人口問題社会保障研究所『季刊社会保障研究』Vol.43，No.2，外国人労働者と社会保障特集号，2007年。
[39] ILO『公正なグローバル化のための社会正義に関するILO宣言』，2008年。
[40] OECD／WHO，岡　伸一他訳『保健と貧困』学文社，2008年。
[41] 下平好博・三重野卓（編）『グローバル化のなかの福祉社会』ミネルヴァ書房，2009年。

初出関連論文

[１]「社会保障・社会福祉の国際基準」『社会保障・社会福祉事典』旬報社，2004 年 10 月，715-721 頁．
[２]「リスボン会議後のEU社会保障政策」明治学院大学社会学部『研究所年報』37 号，2007 年，33-44 頁．
[３]「日本の国際社会保障協定の課題」『週刊社会保障』2009 年 5 月 4-11 号，No.2529，2005 年 5 月，70-75 頁．
[４]「EU における介護・看護専門職の養成と就業」『季刊社会保障研究』，186 号，2009 年，249-257 頁．
[５]「EPA と介護福祉士・看護師の受け入れ」『週刊社会保障』No.2589，2010 年 7 月 26 日号，44-49 頁．
[６]「国境を超える福祉」『世界の社会福祉年鑑 2010』旬報社，2010 年，1-30 頁．
[７]「日本の社会保障制度における内外人平等待遇」明治学院大学『社会学・社会福祉学研究』134 号，2011 年 2 月，31-54 頁．
[８]「貿易政策と社会政策の交錯—— EPA と看護師・介護福祉士の国際移動を中心に」『社会学・社会福祉学研究』135 号，2011 年，95-116 頁．
[９]「グローバル化時代における ILO 国際基準の役割——社会保障を中心に」，『世界の労働』，第 61 巻第 3 号，（財）日本 ILO 協会，2011 年，20-27 頁．
[10]「国際社会保障法の基本構造」明治学院大学『社会学・社会福祉学研究』136 号，2011 年，69-89 頁．

＊本書執筆に際しては，新たな情報を考慮し，また本書の全体の趣旨に沿って加筆・修正のうえ編集している．

索　引

A-Z

APEC ……………………………… 124
EEC ……………………………… 121
　　──「規則」No.1408/71 ………… 71
EPA …………… 16, 30, 125, 143, 145
EU ……………… 41, 43, 108, 128, 165
FTA ………………………… 16, 30, 125
ILO ………………… 38, 41, 96, 106, 154
　　──条約 …………………………… 114
NGO ……………………………………… 42
NPO ……………………………………… 42
ODA ……………………………… 41, 183
OECD ……………………………… 3, 5, 124
WHO（世界保健機関）
　　……………… 101, 122, 124, 145, 152

ア

一法律適用の原則 ………………… 87, 109
イベロアメリカ社会保障協定 ………… 78
移民支援サービス（EUROPASS）…… 131
医療費補助 ……………………………… 62
欧州社会憲章 ………………………… 112
欧州社会扶助・医療扶助協定 ……… 111
欧州社会保障協定 …………………… 111
欧州社会保障暫定協定 ……………… 111
欧州社会保障法典 …………………… 112
欧州社会モデル ……………………… 178
欧州職業資格フレームワーク（EQF）… 132
欧州評議会 …………………………… 111
欧州労働移動ネットワーク（EURES）
　　………………………………………… 131

カ

海外在留邦人 …………………………… 9
外国人登録者 …………………………… 7
外国人保護条約 ……………… 105, 114
外国人未払い医療費補填事業 ……… 63
介護保険 ……………………………… 60
掛捨て ……………………………… 36, 91
合算措置 …………………………… 48, 86
間接的差別 ………………………… 46, 185
企業年金指令 ………………………… 177
給付の国外送金の原則 ……………… 109
居住 …………………………………… 33
グローバル化のための社会正義に関する
　　ILO宣言 ………………………… 157
健康保険 ……………………………… 58
研修生 ………………………………… 148
権利保持 …………………………… 66, 91
　　──の原則 ……………………… 37, 92
厚生年金 ……………………………… 57
拷問等禁止条約 ……………………… 113
行旅病人及び行旅死亡人取扱法 …… 62
高齢者権利宣言 ……………………… 103
国際運輸従事者の社会保障に関する
　　欧州協定 …………………………… 70
国際貢献 ……………………………… 182
国際社会福祉論 …………………… 39, 40
国際社会保障協定 …………………… 120
国際社会保障法 ……………………… 96
国際人権規約 ……………………… 100, 113
国際連盟 ……………………………… 106
国籍 …………………………………… 33

国民健康保険……………………… 58
国民年金…………………………… 58
国連憲章…………………………… 99
子供の権利宣言…………………… 102
雇用保険…………………………… 59

サ

サービス貿易一般協定（GATS）… 68，122
産業の空洞化……………………… 12
三者構成…………………………… 38
資格期間の合算の原則…………… 109
児童権利条約……………… 102，114
社会権規約………………… 100，103
社会手当…………………………… 61
社会的包摂………………………… 177
社会保障の現代化………………… 167
自由権規約………………………… 100
准介護福祉士……………………… 150
障害者の権利に関する条約……… 103
女性差別撤廃条約………… 104，113
人種差別撤廃条約………………… 113
生活保護…………………………… 60
　　———の準用措置………………… 61
　　———法………………………… 25
整合化（coordination）… 98，112，129
　　———オープンメソッド（OMC）
　　………………… 166，170，176
世界市民…………………………… 187
世界人権宣言……………… 99，103
属地主義………………… 22，32，48
ソーシャルアジェンダ… 165，169，172
ソーシャルダンピング… 96，118，119

タ

滞在許可…………………………… 34
地方自治体の医療費補助………… 62
地方分権化………………………… 26

中央集権化………………………… 26
調和化（harmonisation）……… 98，112
ディーセントワーク……………… 156

ナ

内外人平等待遇…………………… 190
　　———原則
　　………… 14，33，45，67，109，161
難民条約…………………………… 113
難民の地位に関する条約………… 104
二重適用………………… 36，85，86，88
日本・インドネシア経済連携協定… 146
日本国憲法………………………… 25
日本・フィリピン経済連携協定… 145
入国管理法………………………… 61
年金の脱退一時払い……………… 64

ハ

ビスマルク………………………… 69
　　———モデル…………………… 89
被保険者期間………… 34，48，64，86
フィリピン海外雇用庁（POEA）… 149
ベヴァリッジモデル……………… 89
ベネルクス関税同盟……………… 121

マ

無適用……………………………… 35
無年金外国人への所得保障制度… 63

ヤ

ユニセフ（国連児童基金）……… 101

ラ

リスボン会議……………………… 129
労災保険…………………………… 59
労働許可…………………………… 34
ローマ条約………………………… 70

《著者紹介》

岡　伸一（おか・しんいち）
明治学院大学社会学部社会福祉学科教授，専門：社会保障論
1957年　埼玉県生まれ。
1980年　立教大学経済学部卒業。
　　　　早稲田大学大学院商学研究科博士前期課程入学。
1986年　ルーヴァンカトリック大学 Ph.D（法学博士）取得。
1988年　早稲田大学大学院商学研究科博士後期課程単位取得退学。
　　　　大分大学経済学部助教授。
1996年　大分大学経済学部教授，早稲田大学商学博士号取得。
1997年　東洋英和女学院大学人間科学部教授。
2002年　明治学院大学社会学部教授。
現在に至る。

主な著書
『欧州統合と社会保障』ミネルヴァ書房，1999年。
『社会保障ハンドブック』学文社，2003年。
『失業保障制度の国際比較』学文社，2004年。
『国際社会保障論』学文社，2005年。
『損得で考える20歳からの年金』旬報社，2011年。

（検印省略）

2012年6月20日　初版発行　　　　　略称―グローバル保障

グローバル化時代の社会保障
―福祉領域における国際貢献―

著　者　岡　伸一
発行者　塚田尚寛

発行所　東京都文京区春日2-13-1　株式会社　創成社
電　話　03（3868）3867　　FAX 03（5802）6802
出版部　03（3868）3857　　FAX 03（5802）6801
http://www.books-sosei.com　振替 00150-9-191261

定価はカバーに表示してあります。

©2012 Shinichi Oka　　組版：ワードトップ　印刷：エーヴィスシステムズ
ISBN978-4-7944-3131-8　C3033　製本：カナメブックス
Printed in Japan　　　　落丁・乱丁本はお取り替えいたします。

―――― 経済学選書 ――――

グローバル化時代の社会保障 ― 福祉領域における国際貢献 ―	岡　伸一	著	2,200 円
福　祉　の　総　合　政　策	駒村康平	著	3,000 円
経済学を学ぶための数学的手法 ― 数学の基礎から応用まで ―	中邨良樹	著	2,000 円
ファーストステップ経済数学	近藤健児	著	1,600 円
「日中韓」産業競争力構造の実証分析 ―自動車・電機産業における現状と連携の可能性―	上山邦雄 郝燕書 呉在烜	編著	2,400 円
現　代　経　済　分　析	石橋春男	編著	3,000 円
マ　ク　ロ　経　済　学	石橋春男 関谷喜三郎	著	2,200 円
ミ　ク　ロ　経　済　学	関谷喜三郎	著	2,500 円
需　要　と　供　給	ニコラス・タービー 著 石橋春男 関谷喜三郎 訳		1,500 円
経済学と労働経済論	齋藤義博	著	3,000 円
入　門　経　済　学	飯田幸裕 岩田幸訓	著	1,700 円
マクロ経済学のエッセンス	大野裕之	著	2,000 円
国　際　公　共　経　済　学 ― 国際公共財の理論と実際 ―	飯田幸裕 大野裕之 寺崎克志	著	2,000 円
国際経済学の基礎「100 項目」	多和田眞 近藤健児	編著	2,500 円
日　本　の　財　政	大川政三 森誠司 大江雅浩 池田史治 久保田昭	著	2,800 円
財　政　学	林威光 小月正博 望原正隆 篠林俊彦 栗谷半	監修 編著	3,200 円
イギリス経済思想史	小沼宗一	著	1,700 円

(本体価格)

―――― 創　成　社 ――――